총칼 없는 전쟁, 문화사역 이야기

총칼 없는 전쟁, 문화사역 이야기

지은이 · 김왕기
초판 1쇄 찍은날 · 1999년 11월 30일
초판 1쇄 펴낸날 · 1999년 12월 8일
펴낸이 · 김승태
편집장 · 이연희
편집, 교정 · 이상윤
표지 디자인 · 한영애
영업 · 김석주
등록번호 · 제2-1329호(1992.3.31)
펴낸곳 · 예영커뮤니케이션
110-616 서울 광화문우체국 사서함 1661
(유통사업부) T. (02)830-8566 F. (02)830-8567
(편집부) T. (02)2264-7211 F. (02)2264-7214
E-mail: jeyoung@chollian.net

값 4,500원

총칼 없는 전쟁, 문화사역 이야기

김왕기

예영커뮤니케이션

머리말

    문화사역을 한답시고 5년여 동안 천방지축으로 뛰어 다녔습니다. 그 동안의 사역들을 대충 뽑아보니 강의, 방송, 문화정보지《늘푸른하늘》발간, 문화아카데미와 캠프를 통한 사역자 양성, 일간지와 크리스천 신문들을 통한 칼럼 집필, 연극 기획, CCM 행사 기획, 팻 로버트슨 목사의 『뉴월드 오더』 번역 등 제법 바쁘게 살아온 것 같습니다.

    일반 문화사역자와는 달리 저는 좀 독특한 소명을 가지고 출발했습니다. 제가 번역한 『뉴월드 오더』라는 책을 통하여 세계통합 주체들의 정체에 대해 눈을 뜨게 된 것이 계기가 되어 문화사역 초기에는 많은 시간을 시대성의 발견에 할애했습니다. 세계통합 주체들을 통해 본 시대성, 과학의 발달로 본 시대성, 문화의 발달로 본 시대성, 결국 시대성을 깨닫고 보니 그것이 바로 문화사역의 소명이었습니다. 문화사역은 하고 말고 할 선택의 여지가 없습니다. 이스라엘 백성들이 군사적으로는 가나안을 정복하고 그곳에 정착하였지만 오히려 가나안의 문화, 즉 세상 문화의 위력

4 ·

앞에 굴복하였음을 성경이 말씀해 주고 있습니다. 그만큼 문화의 위력은 대단합니다. 지금 사탄의 손에 문화라는 무시무시한 무기가 쥐어져 있습니다. 사탄을 대적하기 위해서는 우리도 성령의 검과 함께 문화라는 비장의 무기를 갖추어야 합니다.

흔히 요즘 시대를 일컬어 문화 전쟁의 시대라고들 합니다. 지금 세상의 문화는 노도와 같이 밀려와서 우리 자녀들을 쓸어 가고 있습니다. 싫다는 아이들을 억지로 잡아가는 것이 아니라 자발적으로 기독교를 등지게 만들고 있습니다. 그들이 좋아하는 문화를 사용하기 때문입니다. 사람이 없어서 빼앗기는 것이 아닙니다. 재능이 모자라서 세상 문화에 뒤지는 것이 아닙니다. 교회 안에도 재능 있는 자, 많이 배운 자, 소명을 받은 자, 재정적으로 뒷받침 할 만한 자들이 널려 있습니다. 그런데 문제는 이들에게 비전을 주고 하나로 결집시켜 줄 지도자가 부족하다는 것입니다. 시대를 꿰뚫고 있는 문화사역자도 부족합니다. 믿음은 강하지만 세계관과 가치관이 따라주지 못하고 있습니다. 아까운 재능과 지식을 세상을 위해 다 써 버리고 교회에는 헌금만 갖다 바칩니다. 지금은 재능과 지식을 하나님을 위해 직접 써야 할 때입니다. 아프리카 오지에 있는 선교사만 순교하라는 법이 없습니다. 밤잠 자지 않고 기독교 세계관을 기초로 한 컴퓨터 게임을 만들다가 순교하는 자가 나와야 합니다. 단독 목회로 가기 위한 한 과정으로 중·고등부를 맡을 것이 아니라 평생을 바쳐 중 고등 학생들을 위해 목회할 자들이 나와야 합니다. 교회나 가정이나 모든 사역의 초점이 자녀들에게 맞추어져야 합니다.

2년 전부터 크리스천저널을 통해서 〈예향의소리〉라는 칼럼을 매주 집필하고 있습니다. 5년여 문화사역을 하면서 밖으로 소리치고 싶은 말들을 이 칼럼을 통해서나마 할 수 있었던 것은 그나마 큰 다행이었습니다. 만일 이러한 표출이라도 없었다면 아마 속으로 곪아터진 분 덩어리를 안고 일찌감치 문화사역을 그만두었을지도 모르겠습니다. 그렇게 모아놓은 소리들을 이번에 책으로 묶어 보았습니다. 부끄럽지만 그래도 저의 기독교문화 사상을 집약시켜 놓은 것이라고 감히 말할 수 있겠습니다.

보잘 것 없는 글을 책으로 만들어 주신 예영의 김승태 사장님과 편집부의 여러분들, 문화사역에 대한 글을 계속 쓸 수 있도록 도와 주신《크리스천저널》사의 박도원 목사님과 직원들에게 감사를 드립니다. 사랑하는 부모님, 형제들, 그리고 예향의 식구들과도 함께 기쁨을 나누고 싶습니다. 끝으로 올해 결혼 20주년을 맞이한 사랑하는 아내와 네 아이 성헌, 세라, 제니, 베키는 저의 문화사역의 원동력이 되었음을 말씀드리고 싶습니다. 사역을 마치고 밤늦은 시각에 파김치가 되어 들어오는 날이면 어김없이 기도하고 있던 아내, 그 사람이 사실 진짜 문화사역자입니다.

1999년 12월
김왕기

목차

1
크리스천들이여, 깨어 있어라

세계 통합의 실체-프리메이슨

얼마 전 한국의 한 목사님으로부터 프리메이슨에 대한 자료 요청이 있었습니다. 작년에 워싱턴 디시에 있는 조지 워싱턴 프리메이슨 박물관에 갔을 때 가이드로부터 이제 한국에도 프리메이슨 사무소가 두 군데 생겼다는 이야기를 들었습니다.

프리메이슨은 현재 전 세계 164개국에 지부와 사원이 있으며 6백만의 회원을 자랑하는 세계 제일의 비밀 조직입니다. 미국에만 3백만 명의 회원이 있으며 그 대부분은 상류층 인사들로 구성되어 있습니다. 놀라운 사실은 많은 가톨릭 사제들, 개신교 목사들과 신도들도 있다는 것입니다. 그들의 영향력을 한눈에 알 수 있는 것으로는 초대 대통령 워싱턴을 포함한 14명의 대통령들, 18명의 부통령들, 5명의 대법원 판사들, 18명의 상원의원, 76명의 하원들이 프리메이슨 출신들이라는 것입니다. 형제애를 내세우고 인간성 개발, 자유, 평등, 박애를 표어로 하여 상류 사회를 동경하는 많은 사람들을 유혹하고 있습니다.

프리메이슨의 기원은 확실하지 않습니다. 아담과 하와가 죄를 짓고 난 뒤 둘렀던 나뭇잎이 그들 석공들이 두르는 앞치마의 기원이라고 주장하는 자도 있습니다. 그들의 말에 의하면 솔로몬 성전 건축 당시 두로의 히람이란 왕이 책임자로 있었는데 세 명의 이스라엘 사람들에게 건축 기술의 비밀을 끝까지 함구하다가 곤봉으로 머리를 맞아 두개골이 깨어져 죽었으며 그때 죽은 히람을 그들의 아버지로 모시고 있다는 것입니다. 또한 그가 장차 부활하여 솔로몬 성전을 다시 건축할 것이라고 합니다. 그들이 쓰는 심벌 중에 해골은 히람의 두개골을 상징하며 양 또는 염소의 머리는 HIRAM의 RAM에서 따온 것입니다. 옛날이나 지금이나 그들의 입단식에는 죽어도 비밀을 발설하지 않으며 혹시 발설할 경우에는 왼쪽 귀에서 오른쪽 귀까지 목을 따서 물 속 깊은 곳에 수장해도 좋다는 끔찍한 맹세를 반드시 시키는데, 죽음으로 비밀을 지킨 히람의 정신을 계승시켜 그들의 비밀을 지키는데 이용하는 것입니다. 그런가하면 바벨탑을 건축하던 자가 그들의 기원이라고도 하고 12세기때 성당기사가 그들의 기원이라고 주장하는 자도 있습니다.

그러나 1717년에 영국에서 정식으로 출발한 근대 프리
메이슨은 더 이상 석공들만의 조합이 아니었습니다. 자와
컴퍼스, 앞치마 등은 심벌로 남고 상류층의 비 석공들이 대
거 참여함으로서 전혀 성격이 다른 비밀 조직이 태어난 것
입니다. 자금줄이 필요했던 그들은 독일의 로스차일드 은
행과 공조함으로 두 세력은 서로의 필요가 맞아 떨어져서
무서운 속도로 발전하게 된 것입니다. 얼마 후에 그들은 자
유, 평등, 박애의 인본주의를 내세우며 프랑스 혁명에 지대
한 영향을 끼쳤으며 루소, 볼테르 같은 철학자, 괴테 같은
문학가, 모차르트 같은 음악가 등 여러 분야에 걸친 수많은
사람들이 프리메이슨의 일원으로 활약했던 것입니다. 로스
차일드 가는 여세를 몰아 1800년대부터는 미국의 산업체,
특별히 록펠러 가의 스탠더드 오일 회사에 금융의 손길을
뻗쳤고 이러한 인연으로 두 경제 거목은 프리메이슨과 뗄
수 없는 관계가 된 것입니다. 몰몬교와 여호와의 증인 창시
자들도 프리메이슨으로, 몰몬교의 예배의식이 프리메이슨
의 것과 일치하는 부분이 있음은 결코 우연이 아닌 것입니
다. 끔찍스러운 사실은 우리들이 참으로 존경하는 많은 분
들이 최고 높은 지위인 33급 프리메이슨이라는 것입니다.
그 중에는 『적극적 사고방식』(Power of positive thinking)
이란 책을 통하여 긍정적 사고방식을 교회에 뿌리내린 노

먼 빈센트 필(Norman Vivcent Peale) 같은 유명한 신학자도 포함되어 있습니다.

참으로 우리는 혼란스러운 시대에 살고 있습니다. 경제적, 정치적, 그리고 종교적 세계 통합 등 모든 분야에서 앞장 서 있는 프리메이슨의 정체를 우리 크리스천들이 확실히 알고 예의 주시해야 할 것입니다.

외교관계 협의회

　　1998년 9월 15일, 시카고에 있는 스탠더드 빌딩 안에 있는 외교관계 협의회 시카고 지부에서는 한국의 이홍구 주미 대사를 비롯하여 도널드 그레그 전 주한대사와 100여 명의 시카고 유명 인사들이 참석한 가운데 '98 캐러번 행사'가 있었습니다. 이 행사는 한국이 겪고 있는 극심한 경제난을 알리고, 외교나 안보, 사회 등 여러 방면에 걸친 한국의 모습을 이해시켜 미국 기업의 투자 유치를 유도한다는 취지에서 열린 것입니다. 그러나 그 행사를 주선하고 장소를 제공한 외교관계 협의회가 그야말로 세계 경제 통합을 꿈꾸는 자들의 총본산임을 감안할 때 그냥 신문 기삿거리로만 흘려 버릴 일이 아닌 듯 싶습니다. 외교관계 협의회(CFR; Council on Foreign Relation)는 미국 정부와는 아무런 상관이 없는 세계 최대 민간 외교 단체로서 공식적으로는 1921년 7월 29일에 출범했습니다. 자금줄은 록펠러, 모 건, 칸, 월버그 등 연방 준비제도 태동에 관여한 자들로서 세계의 경제와 정치를 함께 손 안에 쥐려 하는 집단입니다. 시카고 지부가 록펠러 소유인 스탠더드 빌딩 안에 있는 것 만 보아도 록펠러에 의해 좌지우지되는 단체인 것을 알 수 있습니다. 이 단체가 얼마나 막강한가 하면 1940년 이후로 단 한 사람, 제임스 바이런을 제외한 모든 국무장관과 국방 장관이 이 단체 출신이었으며 현 국무 장관인 올브라이트 도 예외가 아닙니다. 그뿐만 아니라 클린턴 대통령을 위시 하여 거의 90퍼센트 이상의 미국 각료들이 이 외교관계 협 의회에 속한 자들입니다. 정치적 인사뿐만 아니라 IBM 회 장, 체이스 맨하탄 은행 회장, 코카콜라 회사 회장, 시어즈 회사 회장 등 수도 없이 많은 기업체 회장들이 그들의 낙하 산식 인사로 지명된 자들입니다.

김영삼 전 대통령이 시카고에서 연설하고 돌아간 후 곧 바로 터져 나온 세계화의 남발을 기억하실 것입니다. 한국 이 선진국에 진입한 것처럼 난리 법석을 떨었습니다. 그러 나 그것은 무한정 제공된 빚으로 허랑방탕하게 쓰도록 누 군가에 의해 짜여진 각본에 의한 것임이 분명합니다. 지난 번 김대중 대통령도 미국 방문길에 예외 없이 뉴욕의 외교 관계 협의회 본부에서 연설을 했습니다. 그러나 그것은 연설이었다기보다는 제발 좀 도와 달라는 사정에 가까웠습니다. 이와 같은 일들을 염려하지 않을 수 없는 이유는 이제 한국은 그렇게 하지 않으면 안 되는, 선택의 여지가 없는 처지에 놓여 있다는 것입니다.

이제 한국의 지도자들은 돈이 되는 것이면 무엇이든지 수용합니다. 마이클 잭슨의 공연과 몇 년 동안 상영을 불허 했던 〈그리스도 최후의 유혹〉이나 〈해피투게더〉(Buenos Aires 동성애를 다룬 영화) 같은 영화도 상영이 허가되었습니다. 또 일본 문화 개방과 외교관계 협의회 같은 글로벌리스트들과의 관계 등 두 눈 바짝 뜨고 있지 않으면 우리의 신앙은 언제 내동댕이쳐질지 모를 형편에 처해 있습니다.

성경은 분명히 종말이 있다고 예언하고 있으며 이러한 경제, 정치, 종교적 통합이 그 전에 이루어질 것을 천명하고 있습니다. 그러나 그때쯤에 우리 주님의 재림이 있을 것이라는 큰 소망이 우리에게 있습니다. 알고 당하면 별로 두려울 것이 없습니다. 이제 이 시대를 살아가는 크리스천들은 최소한 외교관계 협의회, 빌더버그 그룹, 연방 준비제도, 프리메이슨, 로마 클럽, 삼자 위원회 등 세상을 통합하고자 하는 세력 정도는 알고 있어야 합니다. 그래야만 앞으로 일어날 온갖 혼미한 일로부터 분별하여 승리하며 살 수 있을 것입니다.

혐오 상품

얼마 전에 책 출판 관계로 한 출판사의 사장님을 만나기 위해 한국에 다녀왔습니다.

몇 년 전에 저는 『뉴월드 오더』(팻 로버트슨 목사 저)라는 책을 번역하여 출간하였습니다. 꼭 관심 있는 분들만 사서 읽는 것 같은데 그나마 너무 생소하고 광범위한 내용이라 이해하기가 어렵다는 말씀을 많이 들었습니다. 한국에서 몇 번 그 책의 내용을 중심으로 강의를 한 적도 있지만 그저 먼 나라의 일로 생각하며 흥미거리 정도로만 치부해 버리는 것이었습니다. IMF가 터진 1997년 10월에도 한국 방문 중에 강의를 할 기회가 있어서 세계 경제 통합의 실체들을 망라해 주었으나 자기들과는 별 관계가 없는 일 정도로 생각하는 것 같았는데 미국으로 돌아오자마자 그만 IMF 사태가 터져 버렸습니다. 직접 책을 써야겠다는 마음이 불

같이 일어나 그 동안 모아둔 모든 자료들을 동원하여 쓰기 시작하여 절반 정도를 끝낸 상태에서 이번에 출판을 타진하게 된 것입니다. IMF사태로 수많은 기독교 출판사들과 서점들이 넘어지고 있는 상태에서 책 출간 이야기를 쉽게 꺼내기가 힘들었습니다. 사실 개인적으로 잘 아는 출판사도 있으나 다들 힘든 것 같아서 말을 못 꺼내고 있다가 일전에 한 번 만난 일이 있는 출판사에 연락하게 되었습니다. 아주 사명감에 불타는 좋은 크리스천으로 내 기억에 남아 있었기 때문입니다. 그 분은 지금 당면하고 있는 경제적 어려움을 토로하면서 특별히 종말론과 관계 있는 세계 통합에 관한 책은 사실 혐오 상품이라서 돈벌이를 생각하면 이렇게 어려운 때에 도저히 힘든 일이지만 사명감 하나 가지고 이 일을 추진하겠다는 것이었습니다.

혐오 상품…. 고개를 끄덕이며 수긍은 하였지만 크리스천들의 잘못된 신앙을 꼬집는 같아서 마음이 아팠습니다. 기도할 때마다 '말세지말'이라고 부르짖지만 막상 종말 징후들을 설명하면서 예수님 다시 오실 것을 이야기하면 별로 달가워하지 않는 우리네 크리스천들! 세상의 종말이란 곧 예수님께서 오신다는 것인데 그것이 왜 혐오스러운 소식일까요? 그런 것을 알리는 책이 왜 혐오 상품이 되며 왜 성경에서 예언된 사실들을 부정하며 피하려고 하는지요?

마지막 때를 살아가고 있는 우리 크리스천들은 정말이지 정신 바짝 차리고 무엇을 해야 할 것인가 기도하며 항상 깨어 있는 생활을 해야 할 것입니다. 세상 종말의 뒷면에는 우리 주님의 재림이 있다는, 동전의 양면성과 같은 사실을 알아야 할 것입니다. 혐오 상품이 아니라 이 시대에 꼭 필요한 영적 생필품이 되어야 할 것입니다.

호황 속의 불경기

얼마 전만 해도 미국에서 한국으로 다시 돌아가는 역이민 현상이 뚜렷했는데 한국 경제 사태 이후로는 또다시 미국으로의 이민 바람이 다시 분다고 하니 돈의 방향에 따라 왔다갔다하는 사람들의 심리를 보며 격세지감을 느낍니다. 그러나 미국 경제가 최대의 호황을 누리고 있다는 소문이나 통계 자료와는 달리 요즈음 만나는 사람마다 풀이 죽어 있습니다. 여기는 한국같이 IMF 상황도 아닌데 왜 이렇게 장사가 안 되느냐는 것입니다. 작년은 재작년보다 못했고 올해는 작년보다 더 못할 것 같다는 것입니다. 그런데 신문에는 지금 미국이 20년 이래 최고의 호황을 누리고 있다고 하니 도무지 실감이 나지 않는 것이지요. 재미있는 사실은 미국 경제가 88년 이후 최대의 호황을 구가한 1997년도에 파산 신청 역시 140만 건이 넘어 신기록을 수립했다는 것입니다. 파산 신청을 한 기업이 5만4천 개이며 개인은 무려 1백35만 명이라는 것입니다. 결론적으로 말씀 드리자면 숫자상으로는 분명히 전무후무한 호황인데 그 대부분을 국제 금융가들과 손잡고 있는 극소수의 글로버리스트들이 독식해 버렸다는 것입니다.

참고로 1989년 기준으로 미국에서 가장 잘 사는 1퍼센트에 속한 집안이 소유하고 있는 자산 실태는 아래와 같습니다.

- 전 미국 비 주택 부동산의 45퍼센트
- 전 미국 비즈니스 자산의 62퍼센트
- 전 미국에 상장된 주식의 49퍼센트
- 전 미국의 채권의 78퍼센트

우리들이 아옹다옹 신앙 생활마저 줄여가면서 시간을 쪼개어 열심히 일하고 돈을 모은다고 해도 어느 날 갑자기 한 줌 재로 변해 버릴지 모릅니다. 일찍이 레닌이 "내게 만일 돈을 조정할 수 있는 힘이 주어진다면 다른 사람들이 어떤 힘을 가진다해도 상관않겠다."고 했듯이 돈의 위력은 대단한 것입니다. 세계 경제 통합은 분명히 올 것입니다. 왜냐하면 성경에서 예언되었기 때문입니다. 한국의 IMF 사태를 맞고서도 성경적으로 그 원인을 알아 보려고 하지는 않고 사람들의 실수에서만 찾으려고 하는 크리스천들을 보면 참으로 안타깝습니다.

지금 미국의 국내 빚이 12조 5천억 달러에 이르고 있습니다. 실제 통화량(M-2)은 3조 5천억 달러이니 9조 달러가 존재하지도 않는 돈으로 매달 꼬박 꼬박 이자와 함께 갚을 것이라는 가정 하에 은행(연방 준비은행의 주도)이 빌려 준 것입니다. 어떻게 그런 일이 가능한가 하시겠지만 현 중앙 은행법을 이해하고 나면 쉽게 알 수 있습니다. 현재 모든 은행의 현금거래는 10퍼센트 미만입니다. 전체 은행들을 중앙은행을 공동으로 관리하는 기업연합으로 보면 이해에 도움이 됩니다. 일단 대출 받은 것은 수표로 내보냅니다. 그 수표를 받은 사람은 그것을 일단 예금한 다음 또 수표로 이것저것 지불하고 또 그 수표를 받은 자들은 예금을 하고 난 뒤 약간의 현금 사용을 제외하고는 또 수표로 지불합니다. 은행끼리는 극히 일부 현금 거래를 빼고는 서로 신용으로 상쇄하면 됩니다. 얼마 후에는 대출금이 이자와 함께 은행으로 돌아오니 아무 가치도 없는 수표 한 장 끊어 주고 이자를 챙긴 셈이지요. 이러한 사이클이 계속 유지되기 때문에 얼마든지 가능한 것입니다.

중앙 은행의 지시와 묵인 아래 이렇게 무분별하게 나간

빚이 9조 달러입니다. 아무리 갚아나가도 줄기는커녕 매달 600억 달러씩 늘어나고 있습니다. 복리이자의 힘 때문입니다. 중앙은행을 소유한 집단들은 무에서 부를 창조해내고 있고 우리 같은 서민층들은 피땀 흘려 일하여 그들에게 이자를 지불하는 일에 일조를 하며 살고 있는 것입니다. 결국 모든 경제적인 파워는 그들 손에 달려 있습니다. 이러한 사실들을 직시한다면 성경에서 예언된 종말을 직시하여야 할 것이며 종말 때에 어떻게 살아야 하는지 성경에서 가르치는 대로 실천하면서 하루하루를 떨리는 마음, 주님을 기다리는 마음으로 살아야 하지 않을까요?

"부자는 가난한 자를 주관하고 빚진 자는 채주의 종이 되느니라"(잠 22:7)

시대를 분별하자

얼마 전 한국에서 일어났던 경제 사태는 교민들의 가슴을 아프게 했습니다. 특히 김영삼 전 대통령에 대한 질타와 원망이 하늘을 찌를 듯 했습니다. 오히려 크리스천들로부터 더 큰 책망을 받은 것 같습니다. "장로가 주일에 교회에 직접 가서 예배를 드릴 일이지 건방지게 목사님들을 청와대에 불러다가 가정 예배를 드리더니 그 꼴이 되었다", "적반하장도 유분수지, 자기가 정치를 잘 못해 놓고는 목사님들을 불러다가 교회가 회개 운동을 해야하느니 정신나간 소리를 하더니 결국 요꼴이 되었지." 충분히 이해가 되는 책망입니다.

그러나 5년의 임기 중 대략 250주일 동안 청와대 예배를 인도하셨던 많은 목사님들 중에는 청와대 예배에 관한 기사가 자기 이름과 함께 기독교 신문에 실렸을 때 흐뭇한 심정으로 만족해 하셨을 분들도 계셨으리라 생각합니다. 설교 시간에 은근히 자랑삼아 청와대에 가서 예배를 인도했노라고 하신 분도 계시겠지요. 사실 시골 작은 교회의 무명 목사님들이야 엄두도 못 낼 일이었을 것입니다.

제가 말씀드리고 싶은 것은 우리 크리스천들의 용서와 포용력입니다. 왜 우리는 상대편 크리스천이 어려움을 당할 때 끌어안아 주지 못하고 다른 종교인들보다 더 냉정하고 비정하게 대하는지 참으로 답답합니다. 만일 한국의 경제 사태가 꼭 그분의 무능력 탓만이 아니라 세계를 경제적으로 통일하려고 하는 세력들의 치밀한 계획에 의해 터진 일이었다면 어쩌시겠습니까? 어떤 큰 일이 터졌을 때 상대편을 정죄하기 전에 성경의 가르침과 예언에 먼저 적용시켜 보는 것은 이제 말세를 살아가는 우리 크리스천들의 삶의 자세가 되어야 한다고 생각합니다. 돈을 마구잡이로 빌려주다가 갑자기 숨통을 막아 놓고는 상상도 할 수 없는 조건들을 강요하는 저 수법은 1930년대 대공황 때와 매우 흡사합니다. "외국인들의 주식 매입을 55퍼센트까지 허용하라, 적대적 기업 합병을 법으로 보장하라, 수입시 장벽이 되는 까다로운 조건들을 모두 철폐하라, 한국 은행을 무조건 독립시키고 모든 은행을 감시할 수 있는 권한을 주라." 대략 그들의 요구사항을 나열해 본 것인데 마치 전쟁에 패

한 자에게 무장해제를 시키는 것 같습니다. 로스차일드와 록펠러 집안, 그리고 중앙은행법(연방 준비은행), 외교관계 협의회, 세계 은행 같은 단체들의 정체를 알고 나면 결코 김영삼 전 대통령만을 정죄할 수 없음을 아실 것입니다. 섹스 스캔들로 전 미국을 경악하게 한 클린턴 대통령이 주일날 교회에서의 예배를 마치고 나오면서 성경책을 손에 들고 미소를 머금은 채 찍은 사진을 보셨는지요? 거기에 비하면 김영삼 전 대통령은 차라리 순진했다고 할 수 있을 것입니다. 그는 오히려 이 시대의 피해자일 수 있습니다. 차라리 민주화를 위해 투쟁하며 금식할 때 죽어 버렸으면 좋았을걸 하는 그의 자조 섞인 넋두리를 들으며 우리 크리스천은 그를 연민의 정으로 용서해야 하며 그를 위해 기도해야할 것입니다.

우리는 결코 사탄의 농간에 놀아나서는 안 될 것입니다. 이런 일을 통해서 우리 크리스천들은 오히려 위기 상황에서 더욱 뭉칠 수 있는 힘을 길러야 합니다.

"너희가 천지의 기상은 분변할 줄을 알면서 어찌 이 시대는 분변치 못하느냐"(눅 12:56)

전자 머니

〈카드테크 시큐테크〉(Cardtech Securtech)라는 신용카드 국제 컨벤션이 매년 열립니다. 이제 신용카드는 옛날 구닥다리로 밀려나고 데빗카드(Debit Card—카드를 쓸 때마다 즉시 결제함)를 지나 스마트카드가 실용 단계에 와 있습니다.

스마트카드는 바로 전자 돈으로 현재 통용되는 지폐나 동전은 멀지 않은 장래에 사라질 것입니다. 스마트카드에는 실리콘 칩이 내장되어 있는데 메모리 기능만 있는 것이 아니라 CPU(Central Processing Unit, 중앙처리장치)와 같은 기능도 있기 때문에 그렇게 부릅니다. 작은 계산기 사이즈의 스마트카드 입·출력기는 벌써 OKI, 필립스, 파나소닉 같은 대기업체에서 상품으로 내놓은 상태여서 실용은 시간 문제입니다. 이제는 금전등록기, 벤딩 머신, 공중전화기, 자동 예금 인출기 등 거의 모든 금전 유통 기계에는 반드시 스마트카드를 결재할 수 있게 만들어지고 있습니다. 컨벤션에서 상품을 소개하는 그들도 이러한 기기들이 단 1년만에 쏟아져 나왔다는 사실이 믿어지지 않는 듯 다음 1년 동안에는 어떤 첨단 상품들이 나올지 도무지 예측이 되지 않는다고 하였습니다.

한국에서는 작년에 주민등록증이 신용카드와 개인 명세를 저장하는 두 가지 기능을 하는 스마트카드로 대체된다고 하여 떠들썩하더니 지금은 좀 잠잠해졌습니다. 무엇이 그렇게 급한지 미국에서도 개인 사생활 침해라고 반대하고 있는데(결국에는 될 일이지만), 앞으로 말세에 기독교를 이끌어 갈 나라라며 큰소리치던 우리 나라가 어찌하여 이런 일에는 이렇게도 둔감한지 참으로 안타까운 일입니다.

그 컨벤션에서 더욱 경악했던 일은 사람의 지문과 눈의 염색체(Iris Scan technology)를 통해 사람을 감지하는 기계가 벌써 상품화가 되어서 나온 것입니다. 얼마 전에는 시티은행에서 그러한 시스템을 갖추기 위해 삼백만 불을 벌써 지출했다는 기사를 읽었습니다. 직접 테스트해 본 결과 단 3초 안에 사람을 분별해 내는 것이었습니다. 앞으로 그러한 기술이 실용화되면 손가락을 절단해 가거나 눈알을 훔쳐 가는 신종 범죄가 생겨나지 않을까 염려가 됩니다. 그러나 지문이나 눈의 염색체를 사용하는 방법도 몇 년 후가 되면 기술의 발달로 또 다시 구닥다리로 전락할 것입니다. 감지하는 시간을 더 줄이기 위해서는 미세한 마이크로 칩같은 것을 피부에 이식하는 방법이 동원될 것입니다. 미아 방지를 위한 마이크로 칩과 카드 분실을 방지하기 위한 연구가 결국에는 성경에서 예언된 짐승표의 실현으로 가는 것이 아닌지요?

각 교회마다 부활절 행사로 분주하게 보내었습니다. 특별히 성가 대원들의 노고가 컸습니다. 거의 책 한 권 분량이나 되는 곡을 소화하는데 보기에 안타까울 정도였습니다. 그러나 성가대가 예배 때 찬양만 하는 것으로 그 기능을 다 하는 것이 아니라 교회에서 세상 문화를 막는 파수꾼 역할도 담당할 수 있다면 참 좋을 듯 합니다. 꼭 성가대뿐 아니라 다른 직분자라도 마찬가지일 것입니다.

지금은 물 불 가리지 않고 일해야 할 때라고 생각합니다. 예수님이 처음 오실 때는 세례 요한이 주님의 길을 예비하였습니다. 이제 주님의 재림을 앞두고 그 길을 예비할 현대판 세례 요한은 어디에 있는지 부활절을 보내면서 착잡한 심정으로 주위를 돌아봅니다.

종말인가 시작인가

지금은 그 어느 때보다 사탄의 속임수를 꿰뚫어 볼 수 있는 영적인 안목이 절실히 필요한 때라고 생각됩니다. 아울러 우리의 왕 되시는 예수 그리스도의 재림을 기다리는 종말 신앙이 절실히 요청되는 때가 아닌가 생각되어집니다. 몇 년 전 이장림파가 특정한 날을 정해 놓고 정상적 생활을 포기한 채, 한 곳에 모여 예수님 재림만 기다리다가 해프닝으로 끝난 일을 많은 사람들이 기억할 것입니다. 물론 그들에게 상당한 문제점이 있었던 것은 사실이나 그들에게 손가락질하고 욕하던 우리 쪽 사람들은 과연 예수님을 그들만큼 간절히 기다리며 사모하고 있다고 큰소리칠 만한지 한 번쯤 생각해 볼 필요가 있다고 봅니다.

가끔씩 교회에서 세미나를 할 기회가 있습니다. 과학의 발달로 인한 종말 징후와 글로벌리스트들의 세계 통합의 현황을 조목조목 설명하면서 예수님의 재림이 가까웠음을 이야기하면 "아멘! 주여, 어서 오시옵소서" 하면서 기뻐해야 함이 당연한데 오히려 초상집에 온 것 같은 무거운 분위기를 느낄 때가 대부분입니다. 무언가 잘못되어도 아주 잘못되었다는 생각이 듭니다. 많은 크리스천들이 하나님의 자녀로서의 권리를 누릴 줄도 모르고 예수님의 고난에 참여해야 할 의무도 수행할 줄 모르는 너무나도 어정쩡한 상태에 놓여 있는 것 같습니다. 예수님의 오심을 간절히 기다리고 있는 것인지 안 오셨으면 좋겠다는 것인지 도무지 그 신앙 상태를 알 길이 없습니다.

뉴에이지 신봉자들과 그들 세력에 동조하는 환경보호주의자들, 그리고 그 세력들을 업고 세계 통일 정부를 꿈꾸고 있는 자들은 종말이 없다고 합니다. 여호와의 증인들도 이 땅에서의 영생을 외칩니다. 분명한 기독교적 세계관을 가지지 못한 많은 크리스천 과학자들과 경제학자들은 오히려 그들 악한 세력의 편에 서서 자기들도 모르게 하나님을 대적하고 있습니다. 이제 한국의 경제 사태로 말미암아 특히 크리스천 경제학자들과 정치가들은 자칫하면 글로벌리스트들의 전도사 역할을 하지 않을까 염려가 됩니다.

과거 공산주의자들이 식량 배급제를 통해 사람들을 성공적으로 통제했던 것과 같이 반드시 중앙 통제 시스템을 통해야만 식량을 살 수 있는 혁신적 유통구조의 실용화와 전체 지구를 하나로 묶을 수 있는 강력한 통신 네트워크의 완성이 곧 이루어질 것입니다. 그들은 당분간 그들의 흉악한 이빨을 드러내지 않을 것이며 오히려 인간의 무한한 능력을 부채질하여 과거 바벨탑을 쌓으면서 하나님께 대응했던 때와 똑같은 상황을 재현시킬 것입니다. 인간들은 그들의 명령에 따르지 않을 수 없을 것이며 전자 머니, 글로벌 통신 시스템, 그리고 인간의 복제까지도 가능한 가공할 유전공학 등을 만들어 갖다 바칠 것입니다. 마치 서서히 뜨거워지는 물에서 아무런 느낌 없이 헤엄치다 죽어 가는 멍청한 개구리 같은 상황이 우리에게 닥쳐와 있는 것입니다.

그러나 조금만 정신차리고 영의 눈으로 바라보면 사탄이 어둠의 세력들을 규합하여 한 단계 한 단계 우리들의 목을 조이고 있는 것을 알 수 있을 것입니다. 그러나 종말이 온다는 것은 곧 예수님이 오신다는 것이므로 우리는 두려움보다는 오히려 사명감에 불타서 단 한 사람이라도 구원에 이를 수 있게 총력을 기울일 때가 아닌가 합니다.

디모데후서 4장 2절~5절 말씀은 우리들이 말세를 어떻게 살아야 하는지를 가르쳐 줍니다.

"너는 말씀을 전파하라 때를 얻든지 못 얻든지 항상 힘쓰라 범사에 오래 참음과 가르침으로 경책하며 경계하며 권하라 때가 이르리니 사람이 바른 교훈을 받지 아니하며 귀가 가려워서 자기의 사욕을 좇을 스승을 많이 두고 또 그 귀를 진리에서 돌이켜 허탄한 이야기를 좇으리라 그러나 너는 모든 일에 근신하여 고난을 받으며 전도인의 일을 하며 네 직무를 다하라."

세상은 망하나 믿는 자들에게는 예수님과의 영원한 삶이 보장되어 있음을 알아야 할 것입니다.

마리아의 눈물

작년 가을, 시카고 서쪽 근교에 밤마다 마리아가 나타나서 운다는 뉴스가 미국의 텔레비전을 통해 보도되자 전국 각지에서 수많은 사람들이 몰려들었습니다. 그 곳에 가 보았다는 미국 친구에게 장소를 묻고는 즉시 그 곳에 가 보았으나 주민들이 마리아는 밤에만 나타난다면서 해지고 난 뒤에 오라는 것이었습니다. 그 곳에서 놀고 있는 아이에게 도대체 어디에서 마리아가 나타나느냐고 물으니 한 아파트 건물 바깥쪽 벽에 나타난다는 것이었습니다. 아니나 다를까 그 벽쪽 밑에는 꼭 한국에서 굿 끝나고 나면 땅바닥에 지저분하게 남아 있듯이 온갖 양초 부스러기, 향 피우다가 남은 것, 색깔 있는 종이 부스러기들이 여기저기에 널려 있었습니다. 아니 마리아가 나타나려면 시도 때도 없이 나타날 일이지 밤에만 나타난다니, 그러한 말부터가 석연찮은 일이었습니다. 증인이 필요한지라 저희 예향 단원 몇 명과 함께 해가 지기를 기다렸다가 떨리는 마음으로 그곳을 향했습니다. 마리아가 운다는 소리는 벌써 몇 년 사이 세계 여러 곳에서 들려온지라 그것의 사실여부를 밝히고 싶은 호기심이 강하게 작동했습니다.

얼마나 차들이 많은지 주차할 자리를 겨우 찾은 우리 일행들은 부랴부랴 발걸음을 재촉하며 그 문제의 아파트 쪽으로 향했습니다. 모인 대부분의 사람들은 남미계통이었습니다. 중간 중간 들리는 통곡 소리를 들으며 도대체 얼마나 똑같으면 저렇게 통곡까지 할까? 호기심은 그야말로 몇 배 이상 발동하기 시작했습니다.

그러나….

막상 마리아가 나타나서 울고 있다는 그곳에는 아무것도 없었습니다. 가로등 불빛을 받아서 희미하게 비취는 그림자뿐이었습니다. 몇 번을 유심히 살펴보아도 그것은 그림자였습니다. 그림자도 선명하지 않은데 거기다가 눈물까지 흘린다니 해도해도 너무 한다는 생각이 들었습니다. 낮에 지저분하게 보였던 벽쪽 땅바닥에는 촛불과 향이 켜져 있고 안성맞춤으로 돈을 넣을 수 있는 항아리까지 준비되어 있었습니다. 다른 아파트 쪽을 둘러보니 거기에도 비슷한 그림자는 보였습니다. 그런데도 이쪽만 마리아라고 하니

할말이 없는 것입니다.

아무런 욕심 없이 조용히 살다가 하늘나라에 간 마리아를 놓고 인간들이 신성화하여 별 괴상한 짓거리를 다 하고 있습니다. 하늘나라에 있는 마리아가 이런 광경들을 보며 얼마나 안타까워할는지요. 마리아 근처에도 가지 못할 뿌연 그림자를 놓고(밤에만 나타난다는 이유가 바로 여기에 있습니다) 대성통곡하는 불쌍한 인간들을 생각하며 돌아오는 차 속에서 착잡한 심정을 가눌 길이 없었습니다. 저토록 순진한 이 사람들을 사탄이 그냥 놓아둘까요? 현대 과학을 동원하면 저까짓 그림자뿐 아니라 하늘에서 마리아가 눈부시게 나타났다가 눈물 뚝뚝 흘리고는 사라지는 장면쯤도 충분히 만들어낼 수 있을 것입니다. UFO도 같은 맥락으로 생각해 볼 수 있을 것입니다. 악한 사탄이 과학과 문명, 특히 미디어를 사용하여 이러한 장면들을 연출한다면 말씀으로 무장되지 못한 많은 사람들이 쉽게 현혹될 것입니다. 가짜들이 판치기 전에 얼른 진짜 우리 예수님이 오시면 좋겠습니다.

2
문화사역자, 전쟁에 나서다

최명자 콘서트를 마치고

정말이지 이번에도 만약 사람들이 오지 않는다면 이런 행사는 두 번 다시 하지 않겠다고 다짐했었습니다. 최명자 사모님의 부군되시는 강 목사님께서 도움을 청했을 때 선뜻 응했던 것은 그 어떤 찬양사역자보다 진실하고 겸손한 사모님의 신앙심을 높이 평가한 것이 사실입니다.

그러나 그보다 더 큰 이유는 지난번 예향 가을문화축제 때 입었던 저의 큰 상처를 생각했기 때문입니다. 이러한 행사는 세상 행사와는 달리 상업적으로 하는 것이 아니기 때문에 성도님들의 적극적인 도움과 참여가 없이는 실패하기가 십상입니다. 작년에 그렇게 많은 물질을 들이고 한국, 워싱턴디시 그리고 LA에서 수많은 사람들이 동원되어 잔치를 베풀었지만 결론적으로는 크리스천들의 무관심 속에 실패했다고 할 수밖에 없습니다. 사흘 동안의 행사 중 공식적으로 팔린 티켓은 300여 장에 불과했습니다. 삼만 여 달러의 경비를 들이고 티켓 한 장에 10달러를 받을 경우, 하루에 천 명씩 티켓을 사서 삼 일을 와주면 겨우 경비가 빠지게 되어 있습니다. 그러나 천 명은커녕 사백 명 남짓, 그것도 티켓을 산 사람보다 초대권이나 무료로 입장한 사람들이 더 많았습니다. 다행히 광고로 후원해 주신 분들이 계셨기에 큰 낭패를 면했습니다.

　오시는 분이야 잠시 왔다가 두어 시간 구경하고 가면 그뿐이지만 이러한 행사를 위해서는 엄청난 시간과 인원 그리고 준비가 필요합니다. 광고를 부탁하고, 포스터를 붙이고, 광고하고, 밴드를 동원하고, 싱어와 몇 날 며칠을 연습하고 리허설하고, 프로그램을 만들고, 장소를 섭외하고…. 끔찍할 정도로 일이 많습니다. 그렇기 때문에 결과가 좋지 않으면 그 후유증은 상상도 할 수 없이 커지는 것입니다. 작년 행사 때도 막상 행사가 적자로 끝나자 모든 책임은 저 혼자 져야 했습니다. 예향 가을문화행사를 기획하고 시작할 때에 같이 하나님의 문화를 회복하자며 의기투합하여 조명과 사운드 시스템을 맡아준 젊은 친구들이 있었습니다. 그 친구들을 보며 시카고의 기독교문화를 짊어질 훌륭한 재목감으로 생각했습니다. 그러나 그 젊은 친구들도 예외는 아니었습니다. 적자가 크게 났음을 뻔히 보면서도 자기들의 수고비에서 일전 한푼 손해 보지 않고 챙겨 가는 것을 보고는 헌신 없는 젊은 크리스천들의 앞날을 보는 것 같아서 참담했었습니다. 그러한 경험을 했던 저로서는 이번 행사에 결코 모른 척 할 수가 없었습니다. 다른 사람도 아닌 목사님과 사모님께서 미전도 종족의 선교헌금 모금을 위해 하시는데 행여라도 잘못되면 그 후유증이야말로 엄청날 것이기 때문입니다.

이번 행사를 치르면서 연출을 담당하신 김주성 집사님을 만난 것은 참 기쁜 일입니다. 그 분도 기독교문화 행사를 많이 기획하면서 남다른 감회를 가진 듯 했습니다. 성도들의 주머니를 기대하며 기독교문화를 하는 것은 아마 포기해야할지도 모른다고 저와 같이 서글픈 결론을 내렸습니다. 그러면 어떻게 할 것인가? 아무런 해답 없이 서로의 눈만 쳐다보았습니다.

행사 날 아침에는 비가 내려서 얼마나 가슴을 졸였는지 모릅니다. 다행히 하나님의 은혜로 비가 개이고 오후 7시가 조금 지나자 객석이 거의 다 찰 정도로 관중이 운집했습니다. 저는 너무나 좋아서 행사 내내 서서 지켜보았습니다. 행사가 끝나자 사모님께서 기대보다는 조금 덜 오신 것 같다고 하시는데 이만 하면 대성공이라며 자족했던 저로서는 사모님이 너무 순진하시다 싶어 싱긋 웃을 수밖에 없었습니다.

이 행사를 위한 많은 자원 봉사자들이 있었습니다. 매주 화요일 모여서 기도하고 상황들을 체크하던 준비 위원들, 밴드, 코러스, 연주자들, 영상 준비, 사운드 준비, 연출 등 참으로 많은 분들이 수고하셨습니다. 확실한 것은 이렇게 관람해 주시고 관심을 가져 주시기만 하면 이 정도 수고쯤은 기쁨으로 감내할 좋은 문화사역자들이 아직도 많이 있다는 것입니다. 모쪼록 앞으로 계속될 최명자 콘서트 전국 투어가 성황을 이루어 나가기를 간절히 기도합니다. 사모님 특기인 이북식 빈대떡 몇 점 부쳐 놓고 웃으면서 하나님께 결산할 날을 손꼽아 기다리면서….

지혜로운 문화사역

문화선교를 하다보니 한국의 많은 복음성가 가수들을 만납니다. 어릴 때부터 예수 믿고 정상적인 수순을 밟아서 된 찬양사역자들이 있는 반면에 세상의 가수 생활을 하다가 어떤 극적인 계기로 인해 크리스천이 되어 간증집회를 인도하러 다니는 분들도 있습니다. 그런데 극소수를 제외하고는 다시는 세상노래를 부르지 않겠다고 단언들을 해 버립니다. 교회를 돌면서 간증이나 하고 찬송가나 부르겠다는 것입니다. 참으로 안타까운 일이요, 하나님께서 주시는 재능과 기회를 포기해 버리는 것 같아서 마음이 심히 아픕니다.

방탕하게 잘못 살아왔던 과거도 예수 믿고 난 뒤에는 그러한 과거가 오히려 하나님 일 하기에 이점이 될 때가 있습니다. 마약을 해 본 사람이 마약 상습자들을, 도박을 해 본 사람이 도박에 빠진 자들을 더 잘 선도할 수 있는 것입니다. 그들의 문화를 완전히 이해한 상태에서 접근하기 때문입니다. 다들 예수 믿고 교회 안에만 머물면 도대체 불신자들 전도는 누가 합니까? 앞서 언급한 가수들은 애써서 히트시킨 세상 노래들을 미끼로 믿지 않는 자들을 모아 구원의 길로 인도해야 합니다. 믿는 자들을 앉혀놓고 찬송가만 부른다면 성도들에게 은혜는 끼칠지언정 믿지 않는 자들에게 전도할 기회는 별로 가질 수가 없습니다.

그런 면에서는 시인과 촌장 출신의 하덕규 집사가 아주 지혜롭게 처신하는 것 같습니다. 관중이 어떤 자들인가에 따라 구원으로 초대할 수도 있고 은혜롭게 인도할 수도 있기 때문입니다. 그는 아직도 세상 노래를 취입하고 있습니다. 그러한 생활을 계속하지 않으면 믿지 않는 자들과의 연결고리가 끊기기 때문입니다. 물론 이러한 일을 하기 위해서는 하나님을 향한 끊임없는 기도와 말씀 묵상 시간이 전제되어야만 가능할 것입니다.

하덕규 집사와 다른 케이스로는 조하문 집사를 예로 들 수 있을 것 같습니다. 그 분의 하나님을 사랑하는 열정과 결단은 높이 살만 하지만 뱀 같은 지혜가 부족하다고 생각합니다. 〈해야해야〉 등 수많은 세상의 히트곡들을 다 내팽개쳐버리고 이제는 찬송가만 부르겠다고 하니 그런 안타까운 일이 어디 있습니까? 불신자 중 극소수의 사람 이외에 누가 조하문이 부르는 찬송가를 듣겠다고 몰려들겠습니까? 〈해야해야〉라는 노래는 가사도 나쁘지 않은데 왜 안 부르는지 도무지 이해가 안 됩니다. 물론 이 분이 신학교를 가고 앞으로 목회를 할 것이라는 소문은 들었습니다만 그때는 그때이고 지금은 〈해야해야〉로 믿지 않는 자들을 모아야 합니다.

교회 안에서 믿는 자들을 위해 복음성가를 부를 찬양사역자들은 얼마든지 있습니다. 일단은 불신자들을 한데 모아야 합니다. 적과의 전쟁에서 이기려면 어떤 때엔 적군 복장을 하고 적군 진지 안으로 위장 진입도 해야 합니다. 작전이 잘 진행이 되어 적군을 생포하여 끌어내면 그 다음은 지원부대들이 달려들어 아군 진지까지 인도하는 것 아니겠습니까? 우리는 언제나 이런 신나는 전쟁을 한번 치러 볼까요? 온 병력, 전방부대와 지원부대들이 하나가 되고 손발이 척척 맞아서 각자의 위치를 철저히 지키면서 주어진 명령에 한치의 오차도 없이 수행하여 마침내 줄줄이 엮어지는 무더기 적군 생포, 아! 생각만 해도 가슴이 뜁니다.

문화를 알면 청년들이 보인다

지난 주 미쉬아나 한인 교회로부터 시작된 CCM 콘서트 미중서부 투어가 시카고 지역에 있는 세 교회의 집회를 끝으로 막을 내렸습니다. 토요일 집회 때는 모인 숫자에 비해 청년들이 많이 왔기에 주최자인 저를 소개하는 순서에서 그들에게 도전이 되는 몇 마디를 할 기회가 있었습니다. 완전히 헌신된 청년 문화사역자 10명만 있으면 세상을 뒤집어 놓을 수 있다는 요지였습니다. 그 말은 그냥 불쑥 내뱉은 말이 아니었습니다.

사실 현재 사탄이 쓰고 있는 고도의 술책은 문화를 이용한 기독교 파괴입니다. 문화를 통해 침투해 들어오는 사탄의 공격에 교회는 거의 무방비 상태입니다. 많은 교회의 청소년들이 영화의 영향으로 인해 UFO의 존재를 믿고 있으며, 창조론을 가르치는 교회와 진화론을 가르치는 학교 사이에서 혼란 속에 빠져 있습니다. 뉴에이지가 만약 종교의 탈을 쓰고 침투해 왔었다면 그렇게 큰 영향력을 미치지 못했을 것입니다. 그러나 영화와 음악, 그리고 건강을 지키는 운동이나 명상 등 문화의 형태로 침입해 왔기 때문에 엄청난 결과를 가져 온 것입니다. 청소년들이 달콤한 세상의 문화 속에서 방황하고 있습니다. 교회 안에는 아무런 문화 시설이 없으니 자연히 그들은 예배 후에 노래방으로, 극장으로, 당구장으로, 카페로, 오락실로 달려갑니다. 그렇다고 그들의 문화를 배우고 이해하여 상담하고 바로 가르쳐 줄 수 있는 문화사역자가 있는 것도 아닙니다.

이번에 일곱 교회를 방문했습니다. 하나같이 대형 세계지도와 후원하는 선교사들의 사역지와 선교사들의 사진이 마치 훈장처럼 진열되어 있었습니다. 그것은 사실 자랑스럽게 내세울만한 우리 한인 교회들의 선교에 대한 열망과 비전이라 하겠습니다. 그러나 한 가지 짚고 넘어 가야 할 것이 있습니다. 선교를 타 문화권에 속한 사람들에게 복음을 전하는 일이라고 가정한다면 우리 자녀들을 위한 사역, 특별히 문화사역도 분명히 선교로 취급하여 똑같은 기도와 관심, 그리고 후원이 있어야 한다는 것입니다. 여기에서 태어난 2세들은 그들만의 독특한 문화권으로 분리해야 합니다. 어쩌면 그들의 문화는 한국보다 미국에 더 가깝다고 보아야 할 것입니다. 문화를 도외시한 선교는 실패합니다. 상대편 문화를 이해하고 나의 문화보다 더 존중해 줄 때에 선교는 성공합니다. 2세를 향한 선교도 똑같은 마인드와 방식을 가지고 접근해야 합니다. 내 자녀이기 때문에 나와 동일한 문화를 가지고 있을 것이다라고 생각하며 밀어 붙이기 때문에 한인 가정이나 교회에서 많은 문제가 생깁니다. 언젠가는 문화사역자도 해외 선교사들과 함께 각 교회에 진열되어 전교인으로부터 기도를 받을 수 있는 날이 오기를 소망합니다.

문화를 알면 사탄의 술책이 보입니다. 적의 작전을 꿰뚫어 알면서 전방에서 목숨 걸고 싸울 10명의 군사만 있다면 전쟁에서 이길 수 있습니다. CCM 콘서트를 마치고 사운드 장비를 챙기고 있는데 평소 알고 지내는 청년 한 명이 불쑥 봉투 하나를 전해 주면서 집에 가서 꼭 읽어보라는 것이었습니다. 그것은 채 한 장이 되지 않는 짧은 편지였으나 문화사역을 하는 5년여 동안 가지지 못했던 가장 감동적이고 충격적인 내용이었습니다. 평소에 생기는 일도 없이 고생만 하는 것이 문화사역자인줄 알고 별로 관심이 없었는데 그날 제가 메시지를 전하는 동안 예수님을 보았다는 것입니다. 그는 그 한 순간의 역사로 인해 완전히 삶을 바꾸기로 결심했다는 것입니다. 세상을 바꾸어 놓을 10명의 사역자 중 한 명으로 그를 써 달라고 했습니다. 문화사역을 하면서 얼마나 외롭고 힘드느냐고 하면서 그러나 이제 한 청년의 삶을 바꾸어 놓았으니 용기를 가지라는 것이었습니다. 그렇습니다. 하나님께서 주시는 비전을 발견하게 되면 삶이 바뀝니다. 믿지 않는 청소년이나 청년들을 교회로 인도하기 위하여 문화를 사용하여야 합니다. 그러기 위해서는 이렇게 재능을 가진 청년들에게 비전을 주어 문화사역자로 키워야 합니다.

문화를 알면 청년들이 보입니다.

총체적 문화사역

얼마 전에 덴버의 한 고등학교에서 일어난 총기 사건을 보면서 드디어 올 것이 왔다는 생각을 했습니다. 몇 년 사이, 범죄 연령은 점점 낮아지고 수법은 더 잔인해졌습니다. 더욱 심각한 일은 범죄의 대상이 무고한 사람들이라는 것입니다. 덴버 사건도 사실은 학교 내의 별 볼일 없는 나쁜 서클의 하나인 '트렌치코트 마피아' 란 단체에 속한 학생들이 저지른 어처구니 없는 사건이었습니다. 그들은 풋볼 선수였던 한 흑인 학생이 백인인 자신들보다 더 인기가 있다는 사실에 증오감과 배신감을 품게 되어 그러한 사건을 일으켰다고 합니다. 그러나 그것이 사람, 특히 학교 동기들을 수십 명씩 죽고 다치게 하는 하는 원인이 될 수는 없습니다. 이 사건 뒤에도 예외 없이 대중 문화의 영향이 있었음을 알아야 합니다. 물론 그들이 성장하는 가운데 수많은 게임과 영화, 음악들이 그들의 정신 성장에 영향을 끼쳤을 것입니다. 거의 모든 범죄에는 영화나 드라마로 인한 모방심리와 대중 가수들이 음악을 통해 부르짖는 '죽이고 죽어라, 마약을 하라' 등의 무책임한 명령의 영향이 개입되어 있습니다.

세상 사람들, 특히 돈벌이에 혈안이 되어 있는 자들은 문화를 최대한 이용하여 우리의 젊은이들의 정신을 죽여가고 있는데 우리 크리스천들은 도대체 무엇을 하고 있는지 답답합니다. 영화나 드라마는 재정 문제 때문에 힘든다고 할지라도 게임이나 만화 같은 것은 얼마든지 가능할 것 같습니다. 주위를 둘러보면 컴퓨터 그래픽이나 애니메이션을 전공한 젊은이들이 꽤 있는데도 불구하고 세상의 것보다 더 나은 크리스천 게임, 크리스천 만화를 만들어 보려는 시도를 하지 않습니다. 아프리카 오지에서 복음을 전하는 선교사 중에서만 순교자가 나올 것이 아니라 이제는 밤잠 자지 않고 기독교문화를 위해 일하다가 순교하는 문화사역자들이 나와야 합니다. 어찌 보면 이들은 어린 생명들을 위해 일하는 자들이므로 더 중요할지 모릅니다. 음악 전공자들은 그들의 전공을 살려 문화사역을 할 수 있습니다. 대중음악의 위험성, 클래식 음악에 내재해 있는 반기독성 등을 연구하여 글도 쓰고 강의도 해야 할 것입니다.

얼마나 많은 크리스천들 특히 음악을 전공한 크리스천들이 대중 음악은 다 나쁘고 클래식 음악은 다 좋다는 독단에 빠져 있습니까? 이러한 일을 바로 잡는 일에는 음악 전공자들이 직접 나서야 합니다. 생명공학이나 통신을 전공하는 과학자들도 할 일이 많습니다. 〈X-파일〉 등 영화나 드라마의 반기독성, UFO의 진상, 인간복제는 하나님의 창조에 대한 도전, 인터넷을 비롯한 통신의 발달로 인하여 미치는 기독교에 대한 영향 같은 것은 과학자들이 직접 밝혀야 합니다. 하나님께서 주신 재능과 지식을 이제는 하나님을 위해 써야 합니다. 음악하는 자들이나 연극하는 자들만 문화사역하는 것이 아닙니다. 문화는 예술이 아니라 삶 자체인 것을 인식하고 이제는 어느 분야에서나 크리스천들이 분연히 일어나야 합니다. 이제는 온 크리스천들이 이 문화사역에 관심을 갖고 기도와 물질로 도와야 합니다. 총체적 문화사역이 어느 때보다 절실합니다.

적과의 동침

지난 7월 10일과 11일 양일 간에 걸쳐 〈카페 밀레니엄〉이라는 연극이 예향 주최로 공연되었습니다. 이 연극은 애초부터 기획에서 희곡, 연출까지 철저하게 불신자 청년들을 겨냥하여 준비했던 것입니다.

그런데 문제는 우리 예향 안에서부터 일어나기 시작했습니다. 연극무대가 세상 청년들이 즐겨 찾는 록 카페인 만큼 포스터를 제작하면서 연극 타이틀에 걸맞게 아주 파격적으로 디자인을 하였습니다. 그런데 그러한 디자인이 과연 목사님들을 비롯하여 전통 기독교인들한테 용납되겠느냐는 염려가 몇몇 단원들로부터 나온 것입니다. 무대의 막이 내려가지 전까지는 제발 미리 판단을 하거나 방해하는 일이 없도록 해달라고 부탁의 말을 했는데도 불구하고 예향 안에서부터 의견들이 분분했습니다. 우리 기독교의 현주소를 보는 것 같아서 참 재미있었습니다. 결국 포스터를 두 가지 종류로 만들기로 하고 끝이 났습니다. 하나는 불신자들을 위하여 그리고 또 하나는 기독교인들을 위해서 말입니다.

얼마 전에 한국을 방문한 길에 동숭동에 있는 한 문화공간에 들린 적이 있습니다. 온통 책으로 치장되어 있고 각층마다 특색을 살려서 그곳에 오는 청년들이 나름대로 저렴한 가격에 문화를 누리고 가도록 되어 있었습니다. 그곳을 운영하시는 분은 목사 안수를 받고 목회까지 하셨던 분인데 무슨 연유인지 목회를 그만두고 문화공간을 운영하고 계셨습니다. 그곳에 비치된 많은 책들 중에는 기독교에 관계된 책도 제법 눈에 띄었습니다. 그러나 한 가지 의아하게 생각된 것은 그곳에서 맥주를 파는 것이었습니다. 그 목사님과 잠시 대화를 할 기회가 있었는데 자기의 비즈니스 철학은 불신 청년들을 사랑하고 그들에게 봉사하는 것이라고 하는 것이었습니다. 아마 맥주를 파는 것도 그러한 신념에서 나오는 듯 했습니다. 그러면서 그분은 한국의 〈낮은울타리〉에서 그러한 자기의 신념을 모른 채 잡지에다 잘못 게재한 것에 대해 굉장히 흥분하는 것이었습니다.

그런데 아직도 그 목사님에 대해 확신이 가지 않는 것은 불신 청년들을 사랑하고 봉사하는 것은 좋으나 그 다음 단계, 즉 제일 중요한 구원으로의 인도가 결여된 것 같았기 때문입니다. 만일 불신자들의 영혼 구원을 위해 그들을 사랑하고 포용한다면 모든 기독교인들은 그를 이해해야 할 것입니다. 그 목사님께 드리고 싶은 말은 적군의 복장을 입고 적군과 동침을 하기 위해서는 사전 작전이 필요하다는 것입니다. 아무도 모르는 상태에서 혼자서 작전을 짜고 적군 복장을 입은 채 다니다가 아군의 눈에 띄면 총 맞는 것이 당연한 일입니다. 특히 문화사역을 하는 사람들 중 불신자들의 전도를 위하여 적군과의 동침을 꾀하는 자들은 치밀한 계획 하에 사전에 아군들과 충분한 대화와 공동 작전이 선행되어야 함을 명심해야 할 것입니다. 약 5년 동안 예향이 문화사역을 하면서 어느 정도 신용을 쌓았고 연초에는 적과의 동침도 선언했음에도 불구하고 막상 작전 개시를 하고 보니 혹시 아군이 우리를 적으로 알고 총을 쏘지는 않을까 하는 염려가 몇몇 단원들을 불안하게 했던 것 같습니다.

이번은 처음이라 이중으로 포스터를 만드는 방법을 선택했지만 앞으로는 믿고 묵묵히 뒤에서 밀어 주시고 영적인 전쟁에서 승리하도록 기도해 주시기를 간절히 바랍니다.

문화사역과 기독교 세계관

　교회와 성도들은 많이 있지만 전문적이고 체계적으로 교육된 문화사역자들은 거의 없다고 하여도 과언이 아닐 것입니다. 문화사역자를 키우는 일은 2세를 염두에 두고 있는 교회이면 반드시 동참해야 할 중요한 일입니다. 교회에 대중 문화 강의를 다녀 보면 반수 이상의 아이들이 UFO를 믿고 있고 대부분의 아이들이 세상 나쁜 문화에 노출되어 있거나 즐기고 있는데 담당하는 전도사님들이나 선생님들은 아이들을 교실 안에 밀어 넣고는 관심조차 가지지 않는 경우가 대부분입니다. 현실을 무시한 교회 교육에 한숨만 나옵니다.

　담당 교역자나 선생님께 강력히 권합니다. 지금 당장 아이들을 상대로 설문조사를 해 보시기 바랍니다. 부모, 특별히 아버지와의 관계는 원만한가, 교회에 대한 바람이나 불만은 없는가, TV나 음악 등 매체를 얼마나 즐기고 있는가, 섹스나 마약 같은 것을 하고 있지는 않는가, UFO나 외계인의 존재를 믿지는 않는가, 진화론이나 환생 같은 것을 믿는 것은 아닌가, 상세한 설문지를 만드서서 조사를 해 보시기 바랍니다. 상상도 못했던 결과들에 놀라실 것이며 이때까지 해 왔던 교회 교육이 얼마나 아이들의 현실과 거리가 먼 것이었는지 느낄 수 있을 것입니다. 언뜻 보기엔 천진난만하게만 보여지는 그 아이들이 실제로는 상상도 못할 어려운 삶을 살고 있음을 직시할 수 있을 것입니다. 그런데도 아무런 마음의 변화나 책임감을 느끼지 못하신다면 미안하지만 아이들을 맡을 자격이 없으십니다. 아이들의 현실을 알았지만 안타까움만 있고 구체적으로 어떻게 해야 할지를 모르는 분이 계신지요? 그래서 문화사역자 양성이 절대 필요합니다. 문화를 알고 나면 아이들과 진정한 대화가 됩니다. 문제 해결은 거기에서부터 풀리기 시작합니다.

또 한 가지 중요한 것은 기독교 세계관입니다. 교회가 21세기에 걸맞게 변화되어야 함에도 불구하고 구태를 벗지 못하는 것은 바로 기독교 세계관의 결여 때문이 아닌가 합니다. 아무리 개인의 신앙심이 좋다고 하여도 세상을 봄에 있어서 자기의 잣대에만 맞는 안경을 쓰고 본다면 모든 것이 비뚤게만 보이기 마련입니다. 내 눈에 흙이 들어가기 전에는 절대로 안 된다고 하면서 교회의 변화를 막는 자들이 의외로 많습니다. 그 고집을 분석해 보면 성경적 기준이 아니라 자기만의 좁은 세계관에 기인한 것이 많습니다. 결과적으로는 교회의 변화를 막는 것이 아니라 아이들이 오는 것을 막는 우를 범하게 됩니다. 확실한 기독교 세계관이 정립되어 있으면 복음의 본질이 변하지 않는 한 문화의 옷을 시대에 따라 갈아입어도 절대 위험하지 않습니다. 문화는 복음의 수단으로 사용될 뿐이지 목적이 될 수는 없기 때문입니다.

우리 크리스천들이 확실한 성경적 세계관을 가지고 신앙생활을 할 때 엄청난 변화가 일어날 것입니다. 이것에 우리 기독교의 사활이 걸렸다고 해도 과언이 아닐 것입니다. 확실한 세계관이 확립되고 그 세계관 안에서 문화사역을 병행한 교회 교육이 이루어질 수 있다면 21세기를 준비하는 교회로서 손색이 없을 것입니다.

아! 유승준

중 · 고등부 학생들을 상대로 한국의 좋아하는 가수들을 말해보라고 하면 단연 유승준을 꼽습니다. 물론 우리가 어릴 때도 가수들이나 배우들을 좋아하고 선망했던 적은 있으나 요즈음 아이들하고는 차원이 틀립니다. 얼마 전에 HOT의 멤버 중 문희준이 공연 중에 다친 일로 인해서 한 여학생이 자살한 사건은 우리들에게 큰 충격을 주었습니다. 좋아하는 가수들이나 배우, 또는 운동 선수들은 그들의 우상입니다. 죽으라면 죽을 수도 있을 만큼 그 열정이 대단합니다.

일부 가수들이 노래 가사에서 노골적으로 자살을 충동질하고 마약을 암시하는 것은 정말 무책임한 짓이라고 생각됩니다. 거기에다 청소년들이 영화나 음악에서 접하는 뉴에이지 사상은 진화론적 윤회론을 가르칩니다. 이 세상에서 아무리 나쁘게 살아도 내세에는 더 좋은 것으로 태어난 다는 것입니다. 그러니 쉽게 자살할 수가 있는 것입니다.

그러한 가운데서 유승준은 톱가수의 위치에 있으면서 예수 잘 믿는 청년으로 소문이 나 있습니다. 신문의 기사만 보고 말씀드리는 것이 아니고 제가 잘 아는 복음성가 가수들로부터 그의 신앙에 대해 많이 들었습니다. 문화를 통한 불신 청소년들의 영혼 구원에 목말라하고 있는 저는 유승준의 콘서트를 유치해 보려고 여러 경로를 통해서 알아보았으나 이루어지지 않았습니다. 기다리다 못해 얼마 전에는 LA에 있는 그의 집으로 전화를 했습니다. 그의 아버지와 한참을 이야기했으나 결론은 한국의 기획사를 통해서 하라는 것이었습니다. 한창 뜨는 가수로서 어쩌면 당연한 일인 것 같기도 합니다. 기획사와의 계약 관계도 무시 못할 일일 것입니다. 그리고 너무나 많은 교회나 기독교 단체에서 일회성 효과를 위하여 계속 유치 경쟁을 한 결과로 무조건 거절하는 듯한 느낌을 받았습니다.

그러나 인기는 곧 시듭니다. 세상의 가수들의 인기는 시간이 지나면 떨어지게 마련입니다. 물론 주위의 가수들에게 복음을 전하고 기획사의 사장과 직원들을 교회로 인도한 것도 큰 일이요 가수상 받을 때 하나님께 감사를 올린다는 식의 공식적인 인사를 통해 영향을 끼친 것도 사실입니다. 그러나 때가 급합니다.

영화상 시상이나 가수상 시상 때 너무나 많은 배우들과 가수들이 하나님을 들먹이며 인사들을 하는데 그들이 한데 모여 불신자들을 위해 집회하는 일은 보기 힘듭니다. 몇몇 탤런트들과 가수들이 팀을 만들어 연극이나 뮤지컬을 시도하지만 대부분이 믿는 자들을 위한 성극입니다. 이곳에서 하는 미주 공연도 보면 지역 교회들을 도는 형식이 대부분입니다. 물론 그들의 얼굴을 보기 위해 공연장에 나타나는 불신자들도 있겠지만 전도 효과는 거의 없습니다. 세상적인 연극이나 콘서트를 해야 합니다. 그들의 인기를 백 번 활용하여 불신자들을 모아야 합니다. 그들의 히트곡을 불러야 합니다. 그리고는 서서히 복음을 제시하다가 마지막 시간에 구원으로 초대를 해야 합니다. 자살하라고 해도 따라 할 그들인데 예수 믿고 천국 가자고 하는데 마다할 이유가 없습니다. 예수 믿는 연예인들이 그렇게도 많은데 대부분 교회들을 돌아다니면서 간증하는 것으로 끝납니다. 눈을 조금만 크게 뜨고 주위를 돌아보면 추수할 것이 널려 있는데도 이 일을 감당하지 못하고 있습니다.

지금 유승준을 동원하면 수십 명 수백 명의 청소년들을 쉽게 예수님께로 인도할 수 있는데 참으로 안타깝습니다. 결국은 재정 문제이고 생각의 차이입니다. 온 교회들이 힘을 합하여 이런 콘서트를 통한 전도의 극대화를 이룰 수 있기를 간절히 소망합니다. 뒷 심부름은 저희 예향에서 하겠습니다.

아! 유승준, 아무래도 그의 인기가 다 떨어져서 별 볼일 없을 때나 우리 차례가 올 것 같습니다.

영혼구원에 대한 부담감

올해로 문화사역을 시작한지 5년째에 접어듭니다. 그런데 요즈음 저의 마음속에 계속해서 부담으로 다가오는 것이 있습니다. 하나님께서 문화사역이라는 큰 소명을 맡겨주신 것은 문화라는 도구를 사용하여 믿지 않는 자들에게 복음을 전하라고 하신 것 같은데 너무나 믿는 자들 중심으로, 교회 안에서만 머물렀던 것이 아니었나 하는 것입니다. 콘서트를 해도 믿는 자들 위주로, 방송이나 문서 쪽도 믿는 자들 위주, 세미나나 강의도 믿는 자들 위주, 하여튼 모든 사역의 초점이 믿는 자들 중심이니 영혼 구원과는 거리가 먼 사역이었던 같습니다.

문화사역을 처음 시작할 때는 그래도 교회들이 세상 문화에 빠져있는 청소년들에게 관심이 없느니 하면서 용기 있게 비판도 하고 겁 없이 목청을 올리곤 했었는데 언제부터인가 교회를 돕는다는 허울좋은 명분을 내세우며 편안하고 안일하게 믿는 자들을 중심으로 한 사역에 머물렀던 것 같습니다.

그런데 얼마 전부터 저의 마음 깊은 곳에서부터 밀려 올라오는 이 부담감을 도저히 떨쳐 버릴 수가 없습니다. 애초에 이 문화사역은, 타락해 가는 세상 문화를 보며 이런 식으로 나가다가는 곧 이 세상이 망하고 주님이 오시지 않을까, 그 전에 세상 문화에 빠져 있는 한 명의 영혼이라도 건져야지 하는 뜨거운 열정에서 시작되었는데 말입니다. 그래서 저는 이제부터는 과감하게 사역 방향을 돌리려고 합니다. 믿지 않는 자들을 모으려면 무리수를 두어야 합니다. 성미 급한 분들은 당장 손가락질부터 하실 테지요. 그래도 밀고 나가려고 합니다. 이런 식으로 안주하다가는 주님 오시는 날 내어 놓을 것이 하나도 없을 것 같습니다. 눈치만 보고 있다가는 아무 것도 할 수 없겠다는 생각이 듭니다. 그래도 5년여 문화사역을 하면서 영적, 지적인 무장과 분별력도 어느 정도 축적된 것 같아 세속화가 될 염려는 없을 것입니다. 믿는 자들을 위한 은혜스러운 찬양위주의 콘서트도 계속 개최하겠지만 믿지 않는 자들을 불러 모으기 위한 파격적인 행사도 시도하여 최소한의 밸런스를 맞출 것입니다. 예를 들면 세상 음악과 CCM을 같이 부를 수 있는 이름 있는 가수들을 초청하여 믿지 않는 자들을 많이 모아 놓고 처음 3/4 정도는 가사가 건전한 세상 노래를 부르게 하고 마지막 1/4시간 동안 CCM과 복음성가를 들려 주면서 서서히 구원으로 초대하는 그러한 행사를 꾸며 보려고 합니다. 제발 부탁 드리기는 비판부터 하실 것이 아니라 막이 내려갈 때까지 인내로 지켜주십사 하는 것입니다.

총칼 없는 문화 전쟁의 시대!

악한 사탄의 세력들이 문화를 사용하여 우리의 젊은이들을 죽음으로 몰아가고 있는 이때에 그냥 멍청히 당하고만 있을 수는 없는 것 아니겠습니까? 이제 '예향문화선교회'도 문화를 사용하여 세상에서 죽어가고 있는 젊은 영혼들을 생명의 길로 인도하는 일에 온힘을 바치려고 합니다. 그리하여 명실상부, 하나님께서 명하신 선교 명령과 문화 명령을 동시에 수행하는 이 마지막 때에 살아 움직이는 선교회가 되려고 합니다.

아직 멀었습니다

아내가 밤새도록 토하더니 급기야는 새벽에 응급실로 실려 갔습니다. 문화사역을 시작한 이래 그 오랜 기간 동안 수많은 손님들을 잘도 치러 내던 건강한 아내였습니다. 그런데 이제는 체력이 딸리는가 봅니다. 그러고 보니 최근 아내의 건강이 부쩍 나빠진 것 같습니다. 응급실에서 혈액검사를 기다리며 링거를 맞고 있는 아내를 보고 있자니 참으로 안쓰러웠고, 이러면서까지 문화사역을 계속해야 하나 하는 회의가 듭니다. 있던 재산, 주님을 위해 쓴 것은 후회할 것도 없지만 사랑하는 아내의 건강마저 해치게 된다면 참으로 낭패라는 생각입니다.

어제는 15세 된 딸을 둔 한 어머니로부터 전화를 받았습니다. 딸아이는 미국에서 태어나서 자라난 2세인데 언제부터인가 한국의 대중가요에 너무 심취하여 걱정이 이만 저만이 아니라는 것이었습니다. 음악에 소질이 있는 것 같은데 혹시 '예향 주니어 찬양팀'에 들어갈 수 없겠느냐는 것입니다. 작년 엘리와 한샘을 위한 콘서트를 계기로 주니어 찬양팀이 구성되긴 하였으나 연습할 장소가 없어서 모이지 못하고 있다고 설명을 드렸더니 출석하는 교회에 물어보겠다고 하시는 것이었습니다.

문제 있는 청소년들을 다 맡고 싶으나 마음만 있지 여건이 되지를 않습니다. 문화공간 하나 만들어 놓고 청소년들이 부담 없이 와서 라이브 콘서트를 보면서 좋은 음악과 대화 가운데 건전한 기독교문화를 누리면서 살게 해 주고 싶습니다. 교회에서 하기 어려운 청소년들과의 문화에 관한 상담이나 교육도 할 수 있겠지요. 문화선교를 하는 5년 동안 생긴 것이라고는 극소수의 후원교회와 손가락으로 셀 수 있을 정도의 개인 후원자들과 《늘푸른하늘》(예향에서 격월로 발간하는 문화 정보지) 정기구독자들이 전부입니다. 자녀 문제로 인한 상담전화는 엄청나게 오는데 비해서 후원자는 너무 적습니다. 글 좀 써 달라, 방송 좀 해 달라, 세미나 좀 해 달라, 자료 좀 보내 달라, 상담 좀 해 달라…. 감당 못할만큼 요청은 많은데 후원에는 참으로 인색합니다.

주위에 기독교문화 창출한다고 뛰어들었다가 참담히 실

패하고 빚더미에 올라 있는 분들을 종종 만납니다. 그들은 한결같이 크리스천들에 대해 배신감으로 치를 떱니다. 물론 총체적인 문화사역을 하지 않고 행사로 일관했기 때문에 생긴 결과도 있으리라고 생각합니다. 그러나 이번 기회에 우리 크리스천들도 한 번쯤은 생각하는 기회가 되었으면 합니다. 기독교 단체에서 콘서트나 연극 같은 것을 하면 좀 많이 가서 격려도 하고 티켓도 구입해 주시기 바랍니다. 출혈 재정도 한두 번이지 누가 계속하겠습니까? 그렇지 않아도 기독교에서 하는 문화 행사는 세상 것에 비해 너무 뒤떨어진다고 손가락질을 받고 있는 터에 우리 크리스천들이 보지 않고 후원해 주지 않으면 그 차이는 어떻게 좁혀 나갑니까?

이러한 행사들을 통해서 우리 기독교에도 세상 것에 뒤떨어지지 않는 좋은 대안 문화가 있다는 것을 보여 주어야 합니다. 대충 대충하면 손해는 보지 않겠지요. 그러나 한 번 와서 실망한 관객들은 두 번 다시 오지 않습니다. 특히 세상 사람들이 기독교에서 하는 것을 보러 오는 경우 더 잘해야 합니다. 우리 기독교에도 이런 프로 정신이 살아 있을 때 세상 문화와 싸워 이길 수 있는 것입니다.

지금 응급실에서 아내가 눈을 붙이고 있는 동안 이 글을 쓰고 있습니다. 항상 원고 마감에 쫓기다보니 이런 상황에서도 글을 씁니다. 차라리 아내는 응급실이 피난처가 된 것 같습니다. 평안한 얼굴로 잠이 든 것 같습니다. 아니면 지난 밤 너무 고생을 하여 눈을 뜰 힘조차 안 남아 있는지 모르겠군요. 그러나 아내는 오랫동안 누워 있을 여유도 없습니다. 속히 일어나야만 합니다.

4월은 부활의 달입니다. 예수님의 십자가 죽음, 그리고 부활, 뒤이어 승천, 이제 앞으로 우리들에게 닥칠 일은 예수님의 재림이겠지요. 예수님 앞에서 과연 우리는 무엇을 내어 놓을 수 있을 것인가요? 문화사역을 통하여 건져낸 수많은 청소년들의 영혼, 아! 그렇습니다. 그 비전 하나 바라보고 매진했던 문화사역이었습니다. 그런데 오늘, 아내의 갑작스러운 아픔을 겪으면서 그 동안 잘도 참아내던 감정들을 그만 쏟아 낸 것 같습니다. 덜 성숙된 문화사역자, 그게 바로 접니다.

교통정리

문화 행사를 기획하다보면 신경이 쓰이는 일들이 몇 가지 생깁니다. 첫째는 다른 행사와 날짜가 겹친다는 것입니다. 몇 달 전부터 준비를 하고 광고를 하면서 제발 다른 곳에서 같은 날 행사를 피해 주기를 바라지만 그런 일은 참으로 드뭅니다. 어디하고 겹쳐도 꼭 겹치게 됩니다. 문화 행사, 교회 부흥회, 장로 장립식, 창립 기념일 등 무슨 행사들이 그렇게 많은지 누군가 나서서 교통 정리를 좀 해주면 좋겠다는 생각을 가끔 해 봅니다.

다른 행사는 차치하더라도 부흥회라든지 찬양콘서트 같은 것은 될 수 있으면 온 크리스천들이 힘을 합쳐서 도와주고 참석해 주고 전도에 도움이 되도록 해야 하는데 다른 교회나 다른 단체들은 전혀 안중에 없이 개인주의만 극도로 판치는 것을 보면 가슴이 아픕니다. 기독교는 왜 이렇게 연합하는 힘이 약한지 모르겠습니다. 얼마 전 한국에서 날아온 기독교 텔레비전·방송국의 부도 사태 소식도 그렇습니다. 결국 응집력의 결여에서 온 결과입니다. 각 개인들의 파워는 굉장히 센데 뭉치기만 하면 오래가지를 못합니다.

행사를 하면서 신경 쓰이는 또 한 가지는 물질의 낭비 내지는 인력의 낭비입니다. 사운드 시스템이나 조명 시설들은 몇 번 빌려 쓰면 사는 값만큼 지불하게 됩니다. 큰 교회 몇 군데에서 힘을 합쳐 좋은 시스템을 구입하고 행사도 겹치지 않게 하면서 아주 저렴하게 대여를 해 주면 기독교문화를 세우는데 큰 힘이 될 것입니다. 인력도 그렇습니다. 같은 사람들이 같은 시스템을 계속 다루면 그렇게 많은 시간을 낭비할 필요가 없습니다.

거기에다 조금 더 욕심을 내자면 기독교문화공간 같은 것도 생각해 볼 필요가 있습니다. 도대체 청소년들이 교회를 나와서 갈 만한 데가 어디 있습니까? 콘서트나 연극을 할 수 있는 무대와 객석, 좋은 복음성가를 들으면서 간단하게 차 한 잔 할 수 있는 공간, 복음성가를 마음껏 부를 수 있는 노래방 시설, 인터넷을 통해 많은 정보를 공급받을 수 있는 컴퓨터 공간 등을 갖춘 문화공간이 필요합니다. 온 교회들이 힘을 합하여 장만하고 기독교문화 행사는 연중 행사를 미리 잘 정리하여 배치하면 모든 사람들이 다 누리고 참석할 수 있으며 장소를 구하고 장비를 대여하는 시간과 물질의 낭비를 막고 인력의 낭비도 크게 줄일 수 있을 것입니다. 그 무엇보다도 우리 하나님께서 기뻐하실 지체들의 연합을 꾀할 수 있어서 좋습니다.

과연 이러한 일들이 불가능한 일일까요? "우리 기독교는 죽어도 안 돼." 하고 포기해 버릴 일인가요? 사탄을 위시하여 반기독교 집단들은 문화를 등에 업고 총 공세를 펴고 있는데 개 교회 교세 확장과 예배당 넓히는 일에만 온 정력과 물질을 탕진한다면 결코 우리 기독교의 앞날이 밝다고만 할 수는 없을 것입니다.

"누구 팔 걷어붙이고 나서서 교통 정리 할 사람 없소?"

문화회복

애초부터
모든 문화는 하나님 것이야
하나님께서 만물과 인간을 창조하시고
만물을 인간더러 다스리라 하셨지
그러나 인간의 타락으로
세상 문화가 생겨났어
음악 영화 미술 문학 과학
지금은 어느 것 하나
세상 것을 이길 만한 것이 우리에게는 없네
그러나 지금도 늦지 않았어
우리에게는 주님이 있네
예수의 능력으로 세상 문화를
변화시킬 수 있네

음악 영화 미술 문학 과학
우리도 할 수 있네
예수님 안에서
헌신과 연합만 이루어질 수 있다면
애초부터
모든 문화는 하나님 것이야

며칠 전 한국에서 복음성가 가수(CCM 가수, 찬양사역자—사람마다 달리 불리기를 원함) 매니저로 있는 한 형제가 전화를 했습니다. 여성트리오 CCM 팀이 곧 출범하는데 첫 번째 음반 주제를 '회복'으로 잡았다고 하면서 회복에 관한 노래 가사를 부탁하는 것이었습니다. 사역 대상자가 청소년들이라는 말에 거절할 수가 없어서 없는 시간을 쪼개어 위의 가사를 만들어 보았습니다.

그렇습니다. 애초부터 모든 문화는 하나님의 것이었으므로 기독교문화라는 말 자체가 어쩌면 잘못된 것이 아닌지 모르겠습니다. 정말 하나님의 문화 회복이 가능한 것일까요? 교회에 강의를 다녀보면 참으로 재능이 많은 청년들이 교회 안에 널려 있다는 것을 알 수 있습니다. 그러나 교회에서 그들에게 비전을 주지 않고 또 그들의 재능을 하나님을 위해 쓸 수 있게 인도해 주지 않음으로 그 아까운 재능들이 세상을 위해 쓰입니다. 교회에서 바라는 것은 그렇게 세상을 위해 일하고 받은 대가에서 헌금하는 십일조나 감사헌금 정도입니다. 헌금으로 재능 있는 자를 사서 세상 문화보다 나은 문화를 만드는 것은 불가능합니다. 그런데 지금 우리들이 그런 짓을 하고 있습니다. 기독교 음반 만드는 곳, 방송국, 연극하는 곳, 콘서트장에 가보십시오. 중요한 일을 감당하는 자들 중 비신자들이 크리스천들 보다 더 많습니다.

교회 안에서 재능 있는 청년들을 모아서 기독교 비디오 게임도 만들어야 하고 기독교 만화 영화도 만들어야 합니다. 좋은 영화도 만들어야 합니다. 소명과 헌신으로 만들어야 합니다. 우리의 자녀들이 세상에서 즐기는 것을 대신하고도 남을 좋은 문화들을 교회에서 만들어 가야 합니다. 아무 대안도 없이 무조건 하지 못하게 하는 것은 차라리 세상과 격리시켜 산으로 올라가라는 것과 같습니다. 교회 안의 청소년들과 청년들을 살리는 것은 곧 우리 교회가 사는 길입니다. 예수님 오시는 그날까지 문화 회복은 줄기차게 이루어 나가야 합니다.

슈퍼 크리스천

　슈퍼맨이나 원더우먼은 들어보셨어도 슈퍼 크리스천은 아마 처음 들어보실 것입니다. 교회 밖에서 문화선교회를 운영하다보니 가끔 교회와의 관계 때문에 딜레마에 빠질 때가 있습니다. 어느 선교 단체도 마찬가지일 것입니다.

　특히 저희들은 문화사역을 하다보니 대중 문화 강의를 하든지 찬양을 하러가든지 요청하는 교회에서 원하는 시간이 주로 주일 저녁이나 금요일 저녁이라 그곳에 가자면 출석하는 교회에 빠져야 합니다. 문화사역은 결국은 하나님 일이고 교회를 돕는 일이라고 목사님들께서 백번 이해를 하신다고 해도 출석하는 교회에 등한시하게 되면 속이 상하게 되시지요. 저의 입장에서도 섭섭할 때가 있습니다. 지휘자나 반주자를 구해달라고 부탁하셔서 보내 드리면 얼마 지나지 않아 예향에는 못나오게 됩니다. 몇 번 이런 일을 겪고 나니 이제는 사람 보내 드리는 것이 겁이 납니다. 우리 기독교의 가장 큰 약점을 보는 것 같아 마음이 아픕니다.

우리는 서로 돕고 서로 자유롭게 교류해야 합니다. 형이 동생 집에 가듯 동생이 누나 집에 가듯이 해야 합니다. 저희 예향 단원 중 두 명은 밀알선교단에 속하여 매주 토요일 사랑의 교실에서 봉사합니다. 저는 할 수만 있다면 우리 온 단원이 밀알선교단에서 봉사하기를 원합니다. 말이 쉽지 보통 헌신이 아니고는 할 수 없는 일입니다. 그래서 저는 슈퍼 크리스천이 될 것을 강조합니다. 출석 교회를 비롯하여 선교 단체 한 두 개쯤은 거뜬히 봉사할 그런 일꾼 말입니다. 재능을 받은 사람은 하나님을 위해 쓰여져야 합니다. 일꾼이 너무 적습니다. 한 군데에 머물면서 적당히 안주하고 있을 때가 아닙니다. 천 명의 일을 감당할 슈퍼 크리스천이 절실히 요청됩니다.

이제 세상 문화는 원론적 성경말씀으로 호령하여 물리칠 수 있는 만만한 상대가 아닙니다. 끊임없이 배우고 연구해야만 겨우 따라잡을 만큼 복잡하고 어렵습니다. 그 일을 목회자가 할 수는 없습니다. 나쁜 문화를 들춰내는 일 뿐만 아니라 대안까지 만들어 나가야 합니다. 이 일은 슈퍼 크리스천만이 할 수 있다고 생각합니다. 교회일도 그 누구보다 열심히 하고 문화사역은 문화사역대로 온 몸을 던져서 할 수 있는 자 말입니다.

많은 사람들이 그저 무대에 서는 것이 좋아서 또는 문화사역을 너무 쉽게 생각하고 달려들었다가 조그마한 어려움에도 넘어지는 것을 보았습니다. 어떤 경우에는 목회자나 교회 중직들로 인해 문화사역을 포기하는 자도 있습니다. 인재를 슈퍼 크리스천으로 키우지 못하고 중도에 막아버리는 우를 범하는 것입니다. 선교 단체도 하나님의 일을 하는 곳이고 또 단원들은 어차피 교회에 속해 있는 것인데 교회 안에만 묶어 두려는 것을 보면 너무나 답답합니다. 도대체 서로 간에 얼마나 신뢰가 없으면 이 지경인가 싶습니다.

분리와 시기는 마귀가 원하는 것입니다. 이제 우리 크리스천들은 연합하는 힘을 길러야 합니다. 매사에 하나님 편에 서서 하나님께 유리하게 생각한다면 닫힌 마음의 빗장을 과감히 열 수 있을 것입니다. 서로 마음을 여는 것은 앞으로의 영적 싸움에 대비하여 슈퍼 크리스천을 같이 만들어 가기 위한 첫 번째 단계입니다.

이번 기회에 각 교회에서 문화사역에 관심 있는 자를 선정하여 저희 예향이나 문화선교 단체에 보내 주시기를 간청합니다. 훌륭한 문화사역자로 키워 보겠습니다. 그들은 어차피 출석하는 교회에서 배운 것을 적용하게 됩니다. 목회자들이 감당하지 못하는 부분을 그들이 할 수 있습니다. 결과적으로는 하나님의 교회들이 든든히 세워지는 계기가 될 것입니다.

어머니 치마 밑에서 키운 자식은 큰일을 감당 못합니다.

전쟁은 이미 시작되었다

3

포케몬 난리

일본의 닌텐도사에서 개발한 포케몬(Pokemon-Poket Monster; 포켓 괴물이라는 두 단어를 합성한 일본식 조어)이 전세계를 강타하고 있습니다. 컴퓨터 게임, 카드 게임이 나오더니 이번에 영화로도 나왔는데 벌써 5천5백만 달러의 극장 수입을 올렸다고 합니다. 포케몬 전체의 시장 규모가 자그마치 60억 달러 이상이 될 것이라고 합니다.

현재까지 151개의 포케몬이 만들어졌으며 각각의 포케몬은 독특한 괴물모양과 이름을 가지고 있습니다. 지금 가장 인기 있는 것은 피카추(Pikachu)라는 노란색의 쥐같이 생긴 포케몬인데 키가 40센티미터, 무게는 6킬로그램으로 설정되어 있습니다. 피카추는 25번째로 만들어진 것인데 26번인 라이추(Raichu)는 피카추가 진화된 것으로 되어 있습니다. 애브라(Abra)는 전파를 발사하여 상대편을 혼란스럽게 할 수 있는 능력을 가지고 있는 포케몬인데 영적인 에너지파를 사용하여 두통을 유발시키는 케다브라(Kadabra)로 진화되었으며 또다시 슈퍼 컴퓨터보다 더 강력한 두뇌를 가진 알라카잠(Alakazam)으로 진화됩니다.

사실 성경에서 악한 것으로 상징되는 용과 비슷한 포케몬도 있고 머리가 세 개 달린 흉악하게 생긴 괴물, 또 뉴에이지의 상징으로 잘 쓰이는 유니콘을 닮은 괴물들도 나와 있는데 기독교 자녀들이 그러한 괴물들을 모으려고 안달을 한다는 것은 근본적으로 잘못된 것이라고 생각됩니다. 그 외에 이들 괴물들을 거느리는 인간 트레이너들이 등장하는데 애쉬(Ash), 브록(Brock), 게리(Gary), 미스티(Misty) 외에 사사건건 애쉬를 방해하는 팀 로켓(제시, 제임스, 그리고 고양이 형체의 미야로 구성) 등입니다.

포케몬 게임에서는 이들 트레이너들이 가능한 많은 포케몬을 수집하여 세상에서 가장 큰 트레이너가 되는 자가 이기게 되어 있습니다. 포케몬 영화를 보면 뮤우(Mew, 151번째의 최신포케몬)의 DNA로 복제된 뮤우투(Mewtwo)가 그를 창조한 인간에 반항하여 세상의 주인을 자처하며 모든 포케몬을 복제하여 실제 포케몬을 물리치는 내용이 나오는데 사이킥 파워가 발사되는 등 반기독교적 내용과 용어가 난무합니다.

포케몬 영화나 게임 또는 수집에 심취하다보면 하나님께서 직접 만드신 피조물이 아닌 것들로 인해 자녀들이 하나님의 창조에 대한 경외심이나 절대성에 대해 대수롭지 않게 생각할 수 있을 것입니다. 마치 스타워즈에 나오는 수많은 괴물들이 오히려 하나님께서 창조한 인간보다 훨씬 더 많이 등장함으로 인해 그 괴물들을 만들어 낸 루카스 감독이 하나님보다 더 위대한 대상으로 바뀔 수도 있는 것과 같겠습니다. 햄버거 체인인 버거킹은 잽싸게 기회를 타서 어린아이용 키즈밀(KID'S MEAL)을 주문할 경우에는 특별히 만들어 낸 57개의 포케몬 장난감 중 하나를 주는데 주문에 비해서 물량이 턱없이 모자란다고 합니다. 이제 어린아이들을 키우는 집에서는 자녀와 같이 포케몬 영화를 구경하고 버거킹으로 가서 키즈밀을 주문하여 먹고 장난감을 받아 가는 일이 이제 통과의례처럼 되어 버렸습니다.

기독교문화는 크리스천들의 무관심으로 인해 날로 쇠퇴하여 가는데 이렇게 세상에서 만들어진 문화는 기독교인 비기독교인 할 것 없이 모든 사람들에 의해 승승장구를 하고 있습니다. 결론적으로 말씀드리면 포케몬은 단순히 과거에 서로 가지려던 양배추 인형과 같은 경우가 아니고 영적인 영역까지도 침범하는, 반기독교 세계관이 중심 사상이 된 좋지 못한 문화임이 틀림없습니다. 몇 년 지나면 피카추니 뮤우니하는 이름은 사라지고 그 자리에 또 다른 이름의 괴물들이 그 자리를 차지하게 될 것입니다.

문제는 우리 크리스천들이 계속해서 동조를 하다보면 점점 영적으로 사악한 괴물들을 계속해서 만들어낼 것이고 어린 자녀들은 진리 아닌 것에 매료되어 혼미한 세상을 계속 속아 살 것입니다. 우리 크리스천 중에도 일본 사람들보다 더 영리하고 재능 있는 자들이 많이 있을 터인데 언제까지 저들 꽁무니만 쫓아가야 하는지 답답합니다. 축구만 죽자 사자 이기려고 할 것이 아니라 문화에서도 월등하게 앞서가는 우리 민족이 되었으면 합니다. 어차피 기독교와 반기독교의 싸움이니 말입니다.

십대 죽이기

조성모의 〈슬픈영혼식〉이라는 노래가 수록된 음반이 200만장 판매를 바로 눈앞에 두고 있습니다. HOT의 〈아이야〉라는 노래의 음반이 그 뒤를 바짝 추격하고 있습니다. HOT 향수가 나오더니 드디어 조성모의 향수도 나왔습니다. 200만장 중 기독교인이 산 음반은 몇 장 정도 되는지 궁금합니다. 조성모나 HOT의 뮤직 비디오를 보면 십대들에게는 결코 권해서는 안 될 장면들이 있습니다. 〈슬픈영혼식〉이라는 용어는 그 자체부터 기독교와는 거리가 멀뿐만 아니라 폭력적인 장면, 물 속에서의 키스신이 있는 뮤직 비디오를 10대들을 위해 만든 저의가 의심스럽습니다. 그리고 HOT의 문희준이 끼고 있는 칼날 달린 장갑은 많은 아이들에게 좋지 않은 영향력을 끼친 영화 프레디 쿠거의 〈엘림가의 악몽〉에 등장했던 소름끼치는 무기인데 도대체 그

칼날로 무엇을 하겠다는 건지요? 어른들의 상술에 이용되고 있는 그들이 참 안됐다는 생각이 듭니다. 사실 그들도 우리가 끌어안아야 할 이 시대의 희생자들입니다.

얼마 전에는 예향에서 격월로 발간하는 《늘푸른하늘》의 편집 자료를 위해 십대와 이십대 초반의 청년들을 위해 발간되는 C 잡지의 10월호를 뒤적이던 저의 눈이 한곳에서 멎어 버렸습니다. '소곤소곤 첫경험을 얘기하자' 라는 큰 제목 안에 '남자친구의 평소 행동으로 미리 눈치채자—그는 어떤 섹스를 기대할까?', '할까? 말까? 정말 고민돼! 첫경험에 부딪치는 네 가지 문제', '첫경험 실전에 돌입! 육체적으로 예쁘게 사랑하는 법', '이건 기본이야! 피임기초백과사전' 등 마치 첫날밤을 앞둔 신부에게 첫날밤 치르는 법이라도 가르쳐 주듯이 장장 6페이지에 걸쳐서 상세하게 서술되어 있었습니다. 피임법에서부터 시작하여 처음으로 성을 체험하는 자들을 위하여 너무나도 노골적으로 방법을 서술하고 있었습니다. 약 6개월 전에는 같은 잡지에서 각종 색깔의 패션 콘돔 광고를 한 것을 보고는 해도 너무 한다고 불평을 한 적이 있었는데 이번 호에서는 한술 더 뜬것 같습니다.

정말이지 이대로 있어서는 안 되겠다는 생각이 듭니다. 십대들과 만나 대화를 나누다 보면 지금 그들을 위한 가정

교육이나 교회 교육이 너무나 현실과 동떨어져 있다는 생각이 듭니다. 교회 안에서 거룩하게 신앙 생활하며 청년회 회장을 맡고 있다는 친구를 밖에서 만나보면 술과 담배에 빠져 있는 경우도 비일비재합니다. 교회에서 유년주일학교의 교사로 있다는 한 청년은 술집 출입을 거의 매일 하고 있습니다. 그런데도 잘못하고 있다는 생각을 하지 못하는 것 같습니다.

얼마 전에는 한국에서 너무나 어이없는 일이 일어났습니다. 인천의 한 호프집에서 화재가 일어나 술을 마시고 있던 49명의 중·고등학생이 죽었고 100여 명이상의 학생들이 부상을 입었는데 그중 여학생이 반수를 넘었다는 충격적인 뉴스를 접하였습니다. 옛날에는 불량학생들이 술집에서 술을 마셨는데, 이제는 수많은 우등생들이 그것도 여학생들이 술을 마시다가 봉변을 당하였습니다.

무엇이 이들을 가정과 교회로부터 내몰고 있다고 생각하십니까? 무엇이 이들을 전통적인 가치관으로부터 이탈하게 만듭니까? 과연 기독교 세계관이 존재하기는 하는 겁니까? 뇌물을 먹이고 불법 영업을 한 어른들과 뇌물을 먹고 눈감아 준 경찰들과 공무원들은 십대 죽이기에 크게 한몫한 사람들입니다. 문제는 사건이 난 후에도 그러한 불법 호프집들이 여전히 성행한다는 사실입니다.

요즈음 한 대학에서 매주 목요일 3시부터 약 1시간 동안 10여 명의 십대들에게 성경 공부를 인도하고 있습니다. 성경 공부뿐만 아니라 조성모나 핑클 등 가수 이야기도 나누기도 하고 개인적인 삶의 이야기도 경청합니다. 참으로 고마운 일입니다. 저는 그곳에서 가르치는 것 뿐만 아니라 참으로 많은 것을 배우고 있기도 합니다. 안타까운 것은 시카고만 해도 수천 명의 십대들이 있는데도 진정으로 이들과 함께 그들의 문화를 이해해 주고 성경공부 인도해 줄 만한 문화사역자가 전무하다는 것입니다.

얼마 전부터 예향에 많은 십대들이 관심을 가지고 참석을 합니다. 연극팀에 참여하는 사람도 있고 《늘푸른하늘》의 편집에도 관여하는 사람도 있으며 친구 따라 강남 간다고 그냥 와서 소일하는 사람도 있습니다. 그런데 여기에서 재미있는 현상을 하나 발견했습니다. 유학생이 아닌 청년들은 대부분 영어권이라고 생각하고 있었는데 한국어를 거의 완벽하게 구사하는 청년들이 의외로 많다는 사실입니다. 어릴 때부터 호되게 한국어를 배운 자녀들이 끼리끼리 어울리면서 한국 문화권과 미국 문화권 사이를 왔다갔다 합니다. 이들을 모아서 한국말로 성경을 가르치는데 전혀 어려움이 없습니다. 수많은 대학에서 이러한 이중언어 잘 하는 자들만 모아도 그 수가 대단할 것 같습니다. 그런데 문제는 한국말만 잘 할 뿐이지 성경적 세계관이나 문화의 분별력은 전혀 없다는 것입니다. 교회는 출석만 하는 것 같고 별로 관심이 없는 듯 합니다. 그러니까 자연적으로 이들은 한국의 가요나 드라마에 관심을 가지며 위에서 말한 것과 같은 잡지도 대하게 됩니다. 만일 이들을 신앙적으로 문화적으로 잘 키울 수만 있다면 큰 일들을 해낼 수 있을 것입니다. 이제 교회나 사회에서 십대들에게 관심을 기울여야 합니다. 영화나 드라마 속에서 책임 없이 쏟아져 나오는 흡연과 음주 장면들, 십대들을 위한 잡지에서 쉽게 볼 수 있는 음란 광고나 성을 부추기는 기사들을 몰아 내어야 합니다. 교회의 여전도회 안에 문화 모니터부를 만들어서 체계적으로 항의를 해야 합니다. 그것은 자녀들을 위한 우리 어른들의 최소한의 사랑의 실천이라고 생각합니다.

이제 가정이나 교회의 모든 시스템은 십대 청소년과 이십대 청년들에게 초점을 맞추어야 합니다. 투자를 해야합니다. 결코 이 수고는 헛되지 않을 것입니다. 언젠가 주님 앞에 서는 날, 와자지껄한 십대들을 이끌고 주님 앞에서 어깨 한 번 으쓱할 순간을 상상해 보십시오. 생각만 해도 신나는 일이 아닙니까?

우리 아이는 내가 지킨다

얼마 전에 어느 어머니께서 전화를 주셨습니다.

"우리 집 아이가 한국가요를 즐겨 듣는데 요즈음은 핫인 지 뭔지 하는 애들의 노래에 푹 빠진 것 같습니다. 아무리 듣지 말라고 해도 글쎄 소용이 없군요. 무슨 좋은 방법이 없을까요?"

참으로 흥미로운 사실은 이곳에서 태어나서 한국이라고 는 한 번도 가보지 못한 2세 자녀들 중 많은 수가 한국의 가 요와 드라마를 즐겨 듣고 본다는 것입니다. 교회에 세미나 를 다니면서 물어보면 거의 반수 이상의 자녀들이 그 부류 에 해당되는 것 같습니다. HOT는 High-Five of Teenagers 에서 따왔으며 이재원, 토니 안, 강타, 장우혁 그리고 문희 준이라는 다섯 명의 청소년으로 구성된 한국 최고의 인기 그룹입니다. 핫이라고 부르면 자녀들 앞에서 웃음거리 밖에 안 되며 '에이치 오 티', 그것도 요즈음은 '에초티'로 불러야 한다는군요. 지난 달에는 LA에서 미주지역 팬클럽 창설이 있었는데 시카고의 많은 청소년들도 원정간 것으로 알고 있습니다. 이러니 많은 부모님들이 걱정할 수밖에 없지요.

그러나 도대체 얼마나 위험한 것인지 어디까지 용납을 해야하는 것인지 감을 잡을 수가 없다는 것이 문제입니다. 그러나 이 그룹들의 노래 가사내용이나 쇼 매너, 대화 등을 통해 세밀히 관찰해 보시면 그렇게 지나친 걱정은 안 하셔도 될 것 같습니다. 물론 그들의 복장이나 차림새는 우리 기성 세대로서는 도저히 봐 줄 수 없는 것이 많지만 그래도 그 정도는 눈감아 주셔야 합니다. 다만 〈늑대와 양〉이라는 노래의 가사 중 "이 빌어먹을 짐승 같은 놈들"이라든지, 〈We are the future〉라는 노래 가사 중 "똑같은 삶을 강요하지마" 같은 다분히 반항적인 가사도 눈에 띄기는 합니다만 그 정도는 귀엽게 봐줘야 할 것입니다. 원래 유명해지기 시작하면 돈벌이에 혈안이 된 자들이 가만히 놓아 두지 않기 때문입니다.

그보다는 자살을 부추기는 내용을 담고 있는 가요나 성관계를 의미하는 춤을 추는 가수들에게 자녀가 관심을 갖는 것을 막아야 합니다. 결론적으로 말씀을 드리자면 에초

티에 미친 자녀들을 억지로 막을 수는 없고 또 그래서도 안 된다는 것입니다. 자꾸 그러한 강요를 하다보면 역효과로 자녀와의 대화가 막힐지도 모릅니다. 그들에게 옳고 그름을 설명해 주기 위해 오히려 부모님 쪽에서 스타들의 세계에 들어가 보는 것이 좋을 것 같습니다. 자녀들이 좋아하는 음악을 몇 번이고 반복해서 들어보십시오. CD케이스 안쪽을 보면 가사가 다 나와 있습니다. 그래서 혹 나쁜 가사가 있으면 자녀에게 이야기해 주십시오. 한국 드라마나 쇼를 자녀가 즐겨 보면 같이 보시고 난 후에 의견을 진지하게 나누십시오. 그리고 교회 안에 문화 모니터부를 신설하십시오. 적극적이고 조직적으로 대처하지 않으면 이길 수가 없습니다. 모니터한 것을 한데 모아서 한 목소리를 내어야 할 것이고 정보도 서로 교환해야 할 것입니다.

또 다른 예를 들 수 있습니다. 몇 년 전 방영된 한국 TV 드라마 중 〈사랑하니까〉라는 드라마는 참으로 어처구니없는 소재를 다루고 있습니다. 코믹하다는 이유 하나만으로 귀신들을 의인화한 비기독교적인 드라마를 묵과하고 있습니다.

자녀들에게는 무엇이 나쁜 것인지 확실히 모르는 상태에서 무조건 하지 말라 하고 어른들은 무엇을 해도 괜찮다는 논리는 설득력이 없습니다. 그런 드라마는 여전도회 문화

모니터부 같은데서 의견을 내어서 막아야 합니다. 그래야만 제작자들이 영화나 드라마를 만들 때 조심을 합니다.

고등학교 3학년 자녀를 둔 한국의 어머니들이 자녀들과 함께 밤을 새우면서 고통분담을 한다는데 그 절반 정도의 적극성이라도 가져야만 우리의 자녀들을 나쁜 세상 문화로부터 지킬 수 있을 것입니다. 어머니들 파이팅!

노래방

　남미 사람들이 춤과 노래를 좋아한다고 하지만 우리 한 민족도 참 좋아하는 것 같습니다. 대중가요, 특히 뽕짝이라 고도 하는 트로트의 변천사는 바로 우리 민족의 변천사라 고 할 수 있을 정도로 국민들이 즐겨 불렀던 것 같습니다. 〈전국 노래 자랑〉이니 〈주부 가요 열창〉 같은 TV 프로그램 은 아마 전세계적으로 찾아보기 힘들만큼 독특한 우리 나 라의 노래 문화를 대변해 주는 것 같습니다. 어디 그것 뿐 입니까? 공원이나 유원지에 가 보면 춤추고 노래하는 사람 들을 쉽게 볼 수 있으며 대포집은 말할 것도 없고 느지막한 시간 변두리의 허름한 식당 앞을 지나가도 젓가락 두드리 며 노래하는 소리를 들을 수 있습니다. 이곳 미국에서는 볼 수 없는 진풍경입니다.

　어른들뿐만 아니라 요즈음의 십대들은 격렬한 춤까지 더

하여 그 열기가 더 한 것 같습니다. 밥은 굶어도 좋아하는 CD는 꼭 사야하는 십대들, 그 열기로 인해 좁은 땅덩어리에서 100만장 판매도 가능하게 합니다. 요즈음은 이곳 미국의 한인타운에 노래방이라는 것이 생겨서 대단한 인기를 끌고 있습니다. 노래방 덕이랄까 이제는 십대들 열 명 중 노래를 잘못 부르는 친구는 한두 명 있을까 말까 할 정도로 노래 실력들이 대단합니다. 그러니까 그들은 어디든지 노래를 부를 수 있는 시설이 있는 곳으로 몰립니다. 심지어 주일날 저녁 시간에도 노래방에 가 보면 청소년들로 발 디딜 틈이 없을 정도입니다.

문제는 거기에 오는 많은 수의 청소년들이 교회에 다니고 있다는 것입니다. 이렇게 노래를 좋아하고 즐기는 민족이 유독 기독교 안에만 들어오면 조용합니다. 부를 노래가 없기 때문입니다. 하나님을 찬양하고 예배드리는 음악은 존재하지만 기독교 안에서 성도들 간에 즐기기 위한 노래 문화는 없습니다. 그래서 기독교인들이 주관하는 결혼이나 회갑 피로연에 가보면 분위기가 참으로 썰렁합니다. 당사자들의 조용하고 적막한 노래 한두 곡 듣고 식사가 끝나면 그냥 다들 가버립니다. 가끔씩 간 큰 교인들 중에는 목사님부터 먼저 자리를 뜨게 한 뒤에 술과 노래판을 펼칩니다. 처음에는 안 부르겠다고 사양하던 분들이 한 곡을 마지못

해 부르고 나서는 아예 마이크를 손에서 쥐고 놓지를 않습니다. 저런 분들이 교회 안에서 어떻게 잘도 참고 살았을까할 정도로 열기가 거의 폭발적입니다. 그런데 한두 명만 그런 것이 아니고 교인들 대부분이 그러한 분위기에 한몫 합니다. 교회에서 복음성가 부르면서 손뼉 치는 것 보다 더 우렁차게 장단을 맞춥니다. 재미있는 사실 하나는 술이 꼭 필요한 것은 아니라는 것입니다. 술 없이 노래 시설만 가지고도 똑같이 즐기는 것을 많이 보아 왔습니다.

우리 기독교, 특히 한국 기독교는 세상 음악을 다 나쁜 것으로 정죄해 버리고 노래방 가는 자녀들을 무슨 큰 죄를 지은 것 같이 죄의식을 심어 줍니다. 그러나 막상 기독교 안에는 즐길 만한 그들의 문화가 없기 때문에 죄의식을 느끼면서도 그런 곳에 가서 열기를 발산하는 악순환을 되풀이하고 있습니다. 밖에서 이렇게 이중 생활하는 교인이나 자녀들을 뻔히 보고 있으면서도 교회 안에 노래방 시설하나 해 줄 배짱도 없고, 그렇다고 교회 안에서 문화를 누리게 해 줄만한 대안도 없는 것이 오늘날 우리 교회의 현실입니다. 세상 문화를 사탄 문화로 무조건 정죄해 버리니까 세상 문화 좋아하는 젊은이들이 교회를 떠나버리고, 그렇다고 세상 문화를 잘못 받아들이다가는 교회가 세속화되기 쉽고…. 우리는 참으로 큰 딜레마에 빠져 있습니다. 그러나

이 문제는 하루 빨리 풀어야 할 우리들의 중요한 과제입니다. 문화사역의 중요성이 여기에 있습니다.

디즈니를 믿지 말라

얼마 전 기독교 방송을 통해서 영화평을 하는 것을 들었습니다. 그런데 기가 막힌 것은 영화를 평한다는 자가 그것도 기독교방송을 통해서 하는 것인데 성경적 기준이 아니라 보편적인 세상의 기준으로 평을 하는 것이었습니다. 그중에서도 가장 무책임한 소리는 디즈니 영화는 자녀들에게 다 좋다는 것이었습니다. 물론 디즈니 하면 과거 수십 년 동안 가족 중심의 건전하고 아이들의 꿈을 키워 주는 문화보급의 대명사로 일반 대중에게 인식되어 왔음을 그 누구도 의심하지 않을 것입니다. 디즈니 영화는 폭력이나, 섹스, 신성모독과는 거리가 먼 것으로 신뢰를 받아 왔고 그래서 온 가족이 함께 웃고 즐길 수 있는 것들로 여겨졌습니다.

그런데 얼마 전부터 이 디즈니사가 계열 회사들을 통해서 만드는 드라마, 영화, 음악, 잡지 속에서 전통적인 가족의 가치관과는 너무나도 동떨어진 것을 보여 주고 있습니다. 특히 동성연애에 대한 그들의 후원은 자녀들의 교육상 묵과할 수 없는 지경에 이르렀습니다. 디즈니사가 동성연애자 종업원들에게도 동등하게 회사의 모든 혜택을 확대한 정책은 '할리우드 서포트'(hollywood Supports)라는 권익 옹호 단체를 따르고 있습니다. 이 단체는 1991년에 '홈쇼핑 네트워크'(Home Shopping Network)의 회장인 배리 딜러라(Barry Dillerar)와 MCA 유니버설 스튜디오(MCA/Universal Studio)사의 회장 시드 샤인버그(Sid Sheinberg)에 의해 조직되어서 주로 영화 산업에 관련된 회사들의 종업원 혜택 정책을 펴 왔습니다. 이 가운데서 우리가 눈여겨 볼 사항은 동성연애자도 전통적인 결혼과 동일한 가치를 지닌다고 주장하고 이러한 입장을 회사의 종업원 혜택 정책에 반영하고 있다는 사실입니다. 현 디즈니 그룹의 회장인 마이클 아이스너(Michael Eisner)와 디즈니 Motion Pictures의 회장인 조 로스(Joe Roth)가 현재 이 할리우드 서포트의 이사로 있다는 점을 감안하면 디즈니와의 연결은 너무도 자명합니다. 한편 디즈니사에서 방계회사들을 통하여 행해지는 반가정적, 반기독교적인 활동이나 작품들을 대충 나열해 보면 다음과 같습니다.

1. 디즈니 소유의 ABC 방송사

   - 시트콤 〈알렌〉(Allen)과 〈스핀 시티〉(Spin City)를
   통해 동성연애 옹호.

2. 디즈니 소유의 "Hyperion Press"

   - 어린이 잡지《Growing Up Guy》출판.

3. 디즈니 소유의 할리우드 레코드사

   - 사탄을 찬양하는 록 밴드 'DanZig' 탄생시킴.

4. 디즈니 월드(Orlando, Florida)

   - 매년 Gay and Lesbian Days" 개최.

5. 디즈니 소유의 미라맥스 영화사(Miramax Films)

   - 〈프리스트〉(Priest)라는 영화 제작하여 동성연애 옹
   호, 반기독교적인 사상표현.

6. 〈그리스도 최후의 유혹〉(The Last Temptation of Christ)
   의 감독자인 마틴 스콜세지와 4년 간 계약.

7. 디즈니 종업원의 약 40퍼센트가 동성연애자.

   21세기를 앞두고 출판된 기네스 북에는 20세기에 가장
많이 팔린 비디오로 월트디즈니사에서 1994년 만들어서
1999년 5월까지 5천5백만 개를 판 〈라이언 킹〉이 실려 있
습니다. 〈라이언 킹〉은 뉴에이지 사상의 교과서라고 해도
과언이 아닐 만큼 뉴에이지 사상으로 도배를 해 놓았습니

다. 주제곡만 해도 〈The Circle of Life〉로 뉴에이지 사상의 중심이 되는 윤회(환생)입니다. 5천5백만의 비디오가 우리 자녀들에게 끼친 영향을 생각해 보십시오. 도브 파운데이션 사(Dove Foundation)의 딕 랄프(Dick Ralf)는 "우리는 현재 소비자가 왕인 자본주의 시대에 살고 있다. 생산자가 아닌 소비자가 무엇을 다음에 만들 것인지를 결정한다. 당신이 영화 티켓을 사든지 비디오를 대여할 때마다 당신은 할리우드에게 '나는 이러한 것을 원합니다' 라고 투표하는 것이다."라고 말했습니다. 우리가 나쁜 영화, 나쁜 음악에 대해 말들을 많이 하면서 크리스천으로서 우리의 책임을 감당하지 못하면 나쁜 문화의 흐름을 바꾸어 놓을 수 없을 것입니다. 나쁜 TV 프로그램이나 영화를 보지 않는다든지 좋지 못한 비디오나 게임은 사지 않는 실제적인 행동이 필요합니다. 여러분! 디즈니를 믿지 마십시오.

포용과 타협

" '지신(The Spirit of the Earth)밟기' 란 우리 조상들이 매년 정초부터 보름 사이에 하던 민속 놀이 중 하나로서 한해 동안 묵은 때와 액을 몰아내고(cleanse the village of evil spirits) 마을의 안녕과 행운과 복을 빌며 유대감을 다지던 공동체 놀이입니다. 우리의 우수한 민족 문화를 되살려 1세들에게는 향수를 불러일으키고 2세들에게는 뿌리를 알게 하고 민족 의식을 일깨우고자 함께 어우러지는 대동의 장을 마련하였습니다."

이상은 시카고 지역에서 펼쳐지는 기묘년 설날맞이 지신밟기 행사 측에서 배부한 광고 전단지의 내용입니다. 매년 이맘때면 연례 행사로 하는 것인데 아마 반응이 좋으니까 계속하는 모양입니다. 지난번 풍물놀이에 관한 글에서도 언급하였습니다만 우리 한인 크리스천들의 아킬레스건은 아마 민족이니 통일이니 하는 단어와 연관된 것이 아닌가 생각합니다. 사탄이 얼마나 간교한지 민족, 통일, 화합, 뿌리, 향수 같은 미사여구를 동원하여 그러한 것을 쉽게 뿌리치지 못하는 우리 한인 크리스천들을 유혹합니다. 그러나 그들의 광고 문구를 자세히 관찰해 보면 크리스천으로서는 도저히 받아들일 수 없는 행사입니다.

민족이나 향수라는 단어보다 앞서는 것이 신앙입니다. 귀신(마귀)을 쫓아내는 것은 예수님의 능력으로만 가능한 것입니다. 포용과 타협은 엄연히 구분되어야 합니다. 이러한 행사를 주관하는 젊은이들이 나라를 사랑하고 민족을 생각하며 매년 수고하는 것은 인정할 일이나 꼭 이런 것이 아니더라도 민족의식을 일깨워 주고 향수를 불러 일으키게 해 줄 수 있는 요소들이 얼마든지 있습니다. 분명한 것은 그 어떠한 명분도 우리의 신앙을 밟고 지나갈 수는 없다는 것입니다. 이제 가게를 운영하시는 크리스천들은 이들이 지신밟기를 하기 위하여 들어오면 단호하게 거절하셔야 합니다. 혹 그들 중에 크리스천이 있으면 알아듣게 타일러야 할 것입니다.

지금 이 세상을 종교적으로 통합하고자 하는 세력들이 내세우는 것이 바로 관용과 화합입니다. 관용과 화합만을 놓고 볼 때에 기독교는 이기적이고 배타적으로 보일 수도 있지만 사실은 그 길만이 살길인 것입니다. 진리는 하나밖에 없기 때문입니다. 특히 '관용'(tolerance)이라는 단어는 범신론을 주장하는 뉴에이저들이나 힌두교, 불교권에서 많이 사용하는 단어이므로 함정에 빠지지 않게 조심을 해야 합니다. 그리고 타종교와 타협하지 않는 것이 결코 그들을 미워하거나 피하는 것이 아님을 보여 주기 위해서는 일상 생활에서 모든 이웃들을 사랑하며 봉사하고 희생하는 삶의 실천이 꼭 선행되어야 할 것입니다. 결국 우리의 목표는 그들을 하나님 앞으로 인도하는 것이기 때문입니다.

좋은 프로그램 고르는 법

저녁 식사 후에 느긋한 마음으로 자녀들과 함께 TV드라마를 보다가 예상치 못한 베드신으로 인해 안절부절못하는 경우를 당하신 부모님들이 있을 것입니다. 자녀들과 오랜만에 함께 시간을 보내려고 했었는데 좋은 시도가 그러한 일로 인해 잡쳐 버립니다. 주 시청 시간에 그러한 진한 베드신이 나올 줄은 몰랐던 것이지요. 어디 베드신 뿐입니까? 욕설이나 폭력 장면은 상상을 초월합니다. 우리 어른들은 그나마 영어를 다 못 알아듣지만 자녀들의 두뇌에는 대사를 통해 온갖 나쁜 용어들과 사상들이 주입됩니다.

다행히 방영되고 있는 드라마가 대략 어떤 종류의 것인지 알 수 있는 길이 있습니다. 화면 왼편 위쪽에 보면 영어 약자가 나와 있는데 영화 같이 TV 프로그램도 반드시 분류를 해 놓게 되어 있습니다. 성경적 기준으로 분류한 것이 아닌 관계로 완전히 신뢰할 수 있는 것은 못되지만 최소한 심한 욕설이나 성적인 장면의 유무 등은 알 수가 있습니다. 요즈음은 영화나 TV뿐만 아니라 게임도 이런 식으로 분류되어 있습니다. 게임이 이제는 아이들만의 전유물이 아니기 때문에 온갖 폭력과 성적인 장면들이 동원되기 마련입니다. 게임을 자녀들에게 사 줄 때에는 반드시 체크하시고 사 주셔야 합니다. 물론 성경적 기준으로 분류를 한다면 아마 사줄 만한 게임은 거의 없다고 할 수 있을 것입니다. 그나마 미국은 이 정도의 분류 기준이라도 있는데 한국에는 어느 정도의 분류 기준이 마련되어 있는지 참으로 궁금합니다. 과거에 '미성년자 관람불가' 같은 애매모호한 문구를 썼던 기억이 납니다. 우리 기독교 가정이 영화, TV, 게임, 이 세 가지에 대한 통제력을 잃어버리면 정말이지 자녀교육, 볼장 다 본 겁니다.

미국에서 실제 사용되고 있는 등급 분류표

	TV 시청 등급 분류(TV Guide)
Y	어린이 시청 가능(Suitable for children of all age)
Y7	7세 이상의 어린이 시청 가능 (Suitable for children of 7 and older)
G	모든 시청자 시청 가능(All audience)
PG	부모와 함께 보는 것이 좋음(Parental Guidance Suggested) * 어린이에게 부적합(unsuitable for younger children) * 저속한 언어가 등장함(infrequent coarse language) *일부 폭력적이고 음란적인 내용이 있음 (limited violence, some sexual dialogue)

14	14세 이하 시청 불가(Inappropriate for under 14)
	 * 부모의 세심한 주의가 요구됨
	  (parents are strongly cautioned)
	 * 성적인 내용, 강한 비속어
	  (sexual content, strong language)
	 * 좀더 강한 폭력성(more intense violence)

MA	성인전용(Mature audience only) * 노골적인 성적 묘사(explicit scenes of sexuality) * 생생한 폭력 묘사(graphic violence)
L	저속어(Coarse Language)
V	폭력성(Violence)
S	외설적인 장면(Sexual situation)
D	외설적인 대화(Suggestive Dialogue)
FV	기괴한 폭력성(Fantasy Violence)

	영화 관람 등급 분류(Movie Guide)
G	어린이 관람 가능(All audience)
PG	부모와 동행이 요청됨(Parental Guide)
PG13	13세 미만 관람 불가(Unsuitable for under 13)
R	청소년 관람 불가(Restrict for children)
NC17	17세 미만 어린이 관람 불가; 부모의 세심한 주의 필요 (No children under 17; Parents strongly cautioned)

	비디오 게임 등급 분류(Video Game Guide)
EC	어린이용(Suitable for children)
E	모든 연령층(All age)
T	13세 이하 부적합(Unsuitable for under 13)
M	17세 이하 어린이 불가(No children under 17)
AO	성인 전용(Adult only)

크리스천과 풍물놀이

아마 우리 한인 크리스천들에게 있어서 최대의 약점은 한국 전통 문화에 대한 확고한 신념부족이라 하겠습니다. 사실 한국의 전통 문화라는 것이 하나같이 불교나 무속신앙, 또는 유교에 바탕을 둔 것이라 기독교적이 아닌 것은 분명합니다. 그러나 너무 매몰차게 끊자니 나라를 덜 사랑하는 자 같이 보이고 흐지부지하자니 신앙의 양심에 위배되어 곤란할 때가 참 많습니다. 그러나 양심에 거리끼기라도 하면 다행인데 아예 뿌리나 근원도 모른 채 막무가내로 받아들이는 것은 심각한 일이라 아니할 수 없습니다. 제사나 굿 같은 것은 그런 대로 정리가 된 것 같은데 농악이나 풍물놀이에 대해서는 아직도 잘못 알고 행해지는 것 같습니다. 심지어 교회 안에서도 풍물놀이가 행해지고 외국인들을 위한 한국 알리기 행사에는 태권도와 더불어 약방의 감초같이 등장하는 것이 풍물놀이입니다.

농악은 일본 사람들이 우리 전통 문화의 질을 낮추기 위해 풍물놀이를 농사 짓는 촌놈들이나 하는 것이라고 하며 농악이라고 부르기 시작했다고 하니 농악이나 풍물놀이 같은 것으로 생각하면 되겠습니다. 북, 장구, 징, 꽹과리로 구성된 것이 사물놀이이며 원래 절에서 나온 용어라고 합니다. 사당패들이 임진왜란 후 절의 일을 도와 주면서 그 용어를 빌려 와서 연주하기 시작한 것이 사물놀이의 원조입니다. 사물놀이에 장구가 하나가 더 사용되면 풍물놀이가 됩니다. 그러니 장구가 두 개 되는 셈입니다. 풍물이라는 용어는 전국 어디서나 쓰는 공용어이지만 전라도 지방에서는 굿을 한다는 뜻으로 좌도 굿, 우도 굿, 풍농 굿 등으로 불리며 경상도 지역은 귀신을 매장한다는 뜻으로 매구 친다, 풍장 친다 등으로 표현됩니다. 그러니 풍물놀이는 굿하는 것이나 같은 것입니다.

10월 말에 이곳 미국에서 행해지는 할로윈데이도 결국은 귀신 쫓는 행사로 얼마나 좋지 못한 영향을 끼치는지 아실 것입니다. 최근 의식 있는 교회들은 할로윈데이 대신에 아이들을 위한 할렐루야 잔치를 열고 있습니다. 장난이나 재미로 방치한 것이 이제는 심각한 지경에 이르고 나니 뒤

늦게 이러한 조치를 취하고 있는 것 같습니다. 풍물놀이도 이런 식으로 방치된다면 종교다원주의와 혼합주의로 혼미한 시대를 살고 있는 우리 자녀들에게 더 큰 혼동을 줄 것입니다.

구경만 하는데 무슨 문제가 되느냐고 하실 분이 계시겠지만 풍물놀이나 사물놀이 하는 곳에 가보면 그들은 반드시 관중들과의 합일을 유도합니다. 관중들은 처음에 박수로 따라하다가 자연스럽게 빨려 들어가게 되고 결국에는 굿놀이에 동참하게 되는 것입니다. 만일 자녀들을 데리고 고국방문을 한다면 해인사에 들려서 팔만대장경을 보여 줄 수도 있고 불국사에 가서 첨성대를 보여주며 우리 선조들의 뛰어난 지혜와 예술에 대해 얼마든지 나눌 수가 있다고 생각합니다. 그러나 그렇다고 해서 절 안에 들어가서 부처 앞에 절을 할 수는 없는 것이며 그들을 따라서 손을 모으며 합장을 할 수도 없는 것입니다.

지금 미국인들이 청교도 신앙을 버리고 무분별하게 동양 종교에 심취를 하고 기독교를 떠나는 것은 1960년대 이후 이민법 제정 이후 물밀듯이 들어온 힌두교도들의 영향이 컸다는 것을 알아야 합니다. 힌두교는 뉴에이지 사상의 기초가 된 종교입니다. 다른 것은 몰라도 복음만은 타협을 할 수 없습니다. 꼭 조국의 전통 문화를 보여 주고 싶으면 국악을 동원하면 될 것입니다. 국악을 동원하여 곡을 연주하거나 복음성가를 들려 주면 외국인들이나 우리 자녀들도 아주 좋아할 것입니다. 꼭 타악기들을 동원하여 굿장단에 맞추어 한바탕 해야 속이 시원한 분이 계시다면 그분은 정말이지 신앙적으로 아주 잘못된 상태에 있다고 볼 수밖에는 없습니다. 분별하고 비판할 능력이 없으면 차라리 피하는 것이 좋습니다.

교회안의 사물놀이

얼마 전 일간 신문을 통하여 한 교회의 광고를 보고 굉장히 놀란 일이 있습니다. 한 교회가 음악학원을 열고 피아노, 기타, 바이올린 등 악기를 가르친다는 내용의 광고였는데 교회에서 이런 일들을 시도한다는 데에 대해 아주 좋게 생각하고 내용을 상세히 읽고 있던 저의 시선이 한 곳에서 멈추어 버렸습니다. 그 교회에서 사물놀이(풍물놀이)도 가르친다는 것이었습니다. 도대체 그렇게 큰 교회에서 이런 실수를 한다는 것이 믿어지지가 않았습니다. 목사님, 장로님들도 많이 계실텐데 이런 광고를 내면서, 아니 이러한 교실을 개설하면서 당회의 사전 점검도 없었나 하고 의아하게 생각했었는데 어쩌면 목사님이나 장로님들이 사물놀이에 대한 지식이 없을 수도 있겠다는 생각을 하게 되었습니다.

얼마 전에 「크리스천과 풍물놀이」라는 제목의 칼럼을 쓴
적이 있습니다. 많은 분들이 사물놀이라면 북, 장구, 징, 꽹
과리 네 가지 전통 악기를 사용한다는 사실은 알고 있으면
서도 사물놀이나 풍물놀이에 대한 근원을 알지 못합니다.
사당패들이 임진왜란 후 절의 일을 도와 주면서 용어를 빌
려 와서 연주하기 시작한 것이 사물놀이의 원조이며 전라
도 지방에서는 굿을 한다는 뜻으로 좌도 굿, 우도 굿으로
불려지고 경상도 지방에서는 귀신을 매장한다는 뜻으로 매
구 친다, 풍장 친다고 부릅니다. 그러니 교회에서 사물놀이
나 풍물놀이를 가르친다는 것은 굿하는 것을 가르친다는
것이지요. 하나님 앞에 얼마나 가증스러운 일인지 아시겠
습니까? 그러나 전통 악기 그 자체가 악하다는 것은 절대로
아닙니다. 피아노를 교회에서 찬양할 때 쓰면 좋은데 쓰여
진 것이고 술집에서 나쁜 세상의 음악을 연주하는 데 쓴다
면 나쁜 곳에 쓰여진 것과 같은 이치입니다. 북, 장구, 징,
꽹과리를 사용하여 하나님을 찬양하든지 사람들을 기쁘게
하는 용도로 사용할 수도 있겠지요. 그러나 사물놀이나 풍
물놀이라는 이름을 쓰면 안 되며 그 격식을 따라 해서도 절
대로 안 됩니다.

예를 들면 사탄적 음악을 연주하는 악기들을 교회에 가
지고 와서 하나님을 찬양하는 일에 쓸 수는 있어도 사탄적

음악 그 자체를 교회에서 연주할 수 없는 것과 같습니다. 굳이 장구를 가르치고 싶으면 장구 교실이라고 해야 할 것입니다. 사실 교회에서 이런 기술적인 것을 가르치는 것도 중요하지만 그보다 먼저 왜 이러한 연주가 중요한지, 찬양이 무엇인지를 먼저 가르쳐야 하며 그러기 위해서는 가르치는 자들부터 기독교문화 교육이 잘 되어 있어야 합니다. 주일날 예배 드릴 때는 복음성가를 절대 쓸 수 없다는 말도 안 되는 주장으로 찬양을 왜곡하면서 정말 단호하게 대처해야 할 이러한 일에는 거의 속수 무책인 것을 보면서 문화사역의 중요성을 다시 한 번 깨닫습니다.

타이타닉과 포세이돈 어드벤처

호화 여객선 타이타닉호의 침몰 참사를 다룬 영화 〈타이타닉〉은 지금도 비디오 가게에서 대단한 인기를 유지하고 있습니다. 20세기 폭스사에서 영화 사상 최고의 제작비인 2억 달러를 들여서 만든 초대작답게 롱런하고 있습니다.

저는 오래 전에 이 영화를 관람했습니다. 사실을 바탕으로 했고 배경이 1912년이며 두 남녀의 아름다운 로미오와 줄리엣 같은 사랑이 가미된 영화라는 소문을 듣고는 두 아이(당시 17살된 아들과 12살된 딸)와 함께 설레는 마음으로 극장에 갔습니다. 영화가 끝나자 관중들은 일제히 박수를 치기 시작했습니다. 그만큼 돈의 위력은 대단했고, 사실 요즘 쏟아져 나오는 영화들과 비교해 볼 때 감동적인 장면들이 제법 있었다고 할 수 있겠습니다. 하지만 저는 아쉬운 마음이 들었습니다. 그 참사에서 살아남은 주인공 할머니가 1997년에 101세이면 1912년 당시에는 불과 16세, 10대 소녀인데 배 안에서 사귀게 된 같은 또래의 남자와 벌이는 정사 장면이 이해가 되지 않았습니다. 그리고 요즈음 시대에 사용되는 F 또는 S로 시작하는 욕의 사용입니다.

전혀 하자가 없을 대작으로 기대하고 아이들과 함께 간 저로서는 어떻게 그 부분들에 대해서 설명해 줄 길이 없었습니다. 그것은 상업주의에 물든 영화 제작자들의 분명한 의도에서 가미된 것이었습니다. 그때 문득 생각난 것이 1970년대에 보았던 〈포세이돈 어드벤처〉라는 영화였습니다. 분명히 그 영화에는 확실히 다른 감동이 있었습니다. 두 영화를 비교해 보고 싶은 충동을 느낀 저는 비디오 가게를 샅샅이 뒤졌으나 그 영화를 확보하고 있는 사설 비디오 가게는 없었습니다. 다행스럽게도 제가 살고 있는 지역의 도서관에서 단 한 개 있는 테이프를 빌릴 수 있었습니다. 두 영화를 차분히 비교해 본 결과 1972년에 제작된 〈포세이돈 어드벤처〉와 1997년에 제작된 〈타이타닉〉의 큰 차이점을 발견할 수 있었습니다. 영화의 배경은 대형 여객선의 침몰의 설정으로 두 영화가 같지만 그 속에서 보여 주는 휴머니즘의 차이는 엄청난 것이었습니다.

〈포세이돈 어드벤처〉는 물론 스케일 면에서는 〈타이타닉〉에 상대가 되지 않지만 두 사람의 살신성인의 장면을 통하여 진정한 인간성을 보여 줍니다. 뚱보 여자가 물 안에 갇힌 주인공을 구해 내고는 심장마비로 죽는 장면이나 제일 마지막 장면에서 주인공이 다른 사람들의 목숨을 구하기 위해서 가스 문을 매달려서 닫고는 불길 속으로 떨어져 죽는 장면 등은 〈타이타닉〉에서는 찾아볼 수 없는 감동입니다. 물론 정사 장면 등 십대들의 탈선 현장은 찾아볼 수 없습니다. 〈타이타닉〉에서는 두 사람의 사랑 이야기가 전부입니다. 그야말로 2억 달러짜리 구경거리일 뿐입니다. 결국 25년이 지나는 동안 우리네 삶의 질이 이렇게 바뀌어 버린 것입니다. 하기야 지난 25년 동안 바뀐 것이 한두 가지가 아니지요. IBM PC의 출현, 스마트카드, 피부에 이식할 수 있는 바이오 칩, 동물 복제, 핸드폰, 인터넷 등 과학의 발달에다 공산주의 붕괴, 중동 사태, 글로벌리즘으로 이어지는 세계 통합을 향한 인간들의 바벨탑이 급속히 쌓아올려진 시기가 아니었나 생각합니다. 거기에다 영화를 포함한 매스 미디어들은 인간의 생각들을 하나님으로부터 떼어놓기 위한 전략에 큰 몫을 담당하였고 앞으로도 계속 해나갈 것이 확실합니다. 기독교 세계관을 가지고 이러한 문화들을 분별할 수 있도록 자녀들을 가르치는 것은 이 시대를 살아가는 우리 크리스천들의 몫일 것입니다.

트루먼 쇼

오랜만에 좋은 영화가 한 편 나왔습니다. 바로 짐 캐리가 주연한 〈트루먼 쇼〉입니다.

한 텔레비전 방송국에서 거대한 쇼를 기획합니다. 주인공인 트루먼(짐 캐리)은 태어나기 전부터 각본에 의해 모든 상황이 설정된 인생을 살아가고 5,000개의 카메라에 의해 그의 리얼한 삶이 시청자들에게 보여집니다. 도시 전체가 이 드라마를 위해 무대로 꾸며졌으며 친구, 부모, 심지어 아내까지 각본에 의해 설정된 배우입니다. 그를 도시 안에 묶어 놓기 위해서 그가 어릴 때 아버지와 보트 낚시를 가도록 해놓고는 아버지를 익사하게 만듭니다. 그후부터는 바다만 보면 공포에 질려 배를 타고 어디로 간다는 것은 전혀 불가능합니다. 우여곡절 끝에 그는 그들의 음모를 눈치채게 되며 그렇게 두려워하던 배를 몰고 탈출을 강행합니다.

폭우를 동반한 인공 태풍의 방해에도 불구하고 탈출에 성공합니다. 인공도시가 끝나는 거대한 벽을 들이받고 마침내 배는 항해를 중단합니다. 조그마한 출구를 통해 인공 도시를 빠져나가기 직전 이 쇼를 총감독한 사람의 음성이 하늘에서 들려옵니다.

"트루먼, 나는 네가 태어나기 전부터 이 쇼를 창조한 사람이란다. 나는 네가 태어나서 오늘에 이르기까지 너와 함께 하였다. 이제 너와 나는 헤어질 수가 없다. 제발 떠나지 말아다오."

대충 이러한 내용의 영화인데 시사하는 바가 크다고 하겠습니다. 할리우드가 할리우드를 고발하는 듯 주제가 신선했고, 또한 어쩌면 가까운 장래에 우리에게 닥칠 현실을 영화가 미리 예견하여 보여 주는 것이 아닌가하고 섬뜩한 생각도 들게 만듭니다. 어떠한 시스템에 의해 우리의 일거수 일투족이 모니터 되어 통제된다고 상상해 보십시오. 어쩌면 그것은 벌써 우리들 앞에 현실로 다가와 있는지도 모릅니다. 현대 과학은 이러한 것을 충분히 실현시킬 수 있습니다.

얼마 전에 쓴 마리아의 눈물이라는 칼럼에서 희미한 그림자를 보고도 통곡하는 순진한 인간들에 관해 썼는데 이 영화에서와 같이 신이나 마리아의 음성이 하늘로부터 쩌렁 쩌렁 울리며 들린다면 어떻게 되겠습니까? 만일 우리 기독교가 지금과 같이 수동적으로만 대처하다가는 앞으로 어떠한 낭패를 당할지 모릅니다. 전쟁이 나지 않더라도 군인들은 가상 전쟁 훈련이라는 것을 합니다. 한국에서도 미군과 함께 수시로 가상 훈련을 하는 것을 보아 왔습니다. 구체적인 상황을 설정하여 그때그때 대처할 수 있는 훈련을 충분히 한 군인은 전쟁에서 승리하기 쉽습니다. 그런데 지금의 우리 기독교는 이러한 가상 훈련이 없이 원론적인 것만 가르치는 것 같습니다. 이래서는 변장한 적군을 알 수가 없습니다. 특히 문화로 변장한 이단을 눈치채지 못하고 오히려 어깨동무를 하고 있습니다.

바쁜 생활이지만 주말에 이런 영화 한 편 보시면서 앞으로 우리들에게 현실로 닥칠지도 모를 가상 현실을 통해 우리의 신앙을 한 번쯤 다져 보는 것도 좋을 것 같습니다.

귀신과 함께 춤을

〈조 블랙의 사랑〉(Meet Joe Black)이라는 영화를 보면 저승사자 역에 최고의 미남스타인 브레드 피트를 동원하여 여주인공과 애절한 사랑을 하게 하고 정사신까지 연출하게 합니다. 도대체 어떻게 해서 이러한 발상이 나오는지 모르겠습니다. 내용은 만화 같은데 배우들은 앤소니 홉킨스 등 최고의 연기 스타들을 동원하여 관중들로 하여금 심각하게 주제를 받아들이도록 합니다.

과거 〈사랑과 영혼〉(Ghost)이나 〈시티 오브 엔젤〉(City of angel) 같은 영화를 통하여 죽은 사람과의 애절한 사랑을 통하여 귀신을 의인화시키더니 그 열기가 이제는 한국을 강타하고 있습니다. 특히 한국에서는 〈퇴마록〉이나 〈여고괴담〉 같은 귀신을 주제로 한 영화가 나와서 공전의 히트를 쳤습니다. 거기에다 '분신사마' 라는 놀이가 전국의 중·고등 학생들 사이에 급속도로 번져나가고 있다고 합니다. 볼펜을 마주잡고 "분신사마 분신사마"라고 주문을 외우면 귀신이 와서 그 볼펜을 움직이며 궁금한 것을 알려 준다고 믿고 하는 놀이입니다. TV 프로그램 〈호기심 천국〉을 통하여 방영된 후 더 큰 반향을 일으켰으며 오히려 전국의 청소년들의 호기심만 자극한 결과를 가져왔습니다. 〈호기심 천국-분신사마 편〉은 시청률이 50퍼센트에 달했다고 하니 그 영향력을 가히 짐작할 수 있겠습니다. 청소년들을 상대로 한 〈나 어때〉(SBS)라는 드라마에도 예외 없이 청소년들 사이에 만연하는 분신사마 놀이가 버젓이 나왔던 것을 기억하실 것입니다.

방송국들을 나무라는 사람도 있지만 연초가 되면 토정비결을 보고, 일이 잘 안되면 점쟁이를 찾아가고, 중국 음식점에서 나오는 포천 쿠키(Forturn cookie)의 내용을 보면서 키득거리는 얼빠진 어른 크리스천들이 수도 없이 널리 깔려 있는데 방송 종사자들이 프로그램을 만들면서 크리스천들을 의식이나 하겠습니까? 이런 일에는 등한시하는 기독교가 이단 색출하는 데는 정말이지 귀신들이지요. 귀신을 언급하는 많은 이단들이 있는 줄 압니다. 감기 걸린 것도 귀신 때문에, 남편 바람 피우는 것도 귀신 때문에, 가난하게 사는 것도 귀신 때문이라고 주장하는 그들은 정말 이

단임이 분명합니다. 그런데 중요한 것은 우리의 자녀들이 그런 이단에 빠져서 귀신론에 현혹되는 것이 아니라 이러한 대중매체를 통하여 물이 들어 버린다는 것입니다. 사람이 죽어서 귀신이 되어 떠돈다는 동양적 내세관은 우리 기독교에 정면으로 위배되며 '나사로와 부자의 비유'에서와 같이 믿지 않는 자들이 죽으면 즉시 음부에서 형벌을 받는다는 것은 성경을 통해 쉽게 알 수 있습니다.

이번 기회에 목사님들께서는 위에 언급한 방송 프로들을 한번 보시고 우리 크리스천들이 얼마나 쉽게 저런 유혹에 빠질 수 있나 하는 것을 심각하게 생각해 보시기 바랍니다. 귀신은 분명히 존재하나 그것은 사람의 혼령이 아니라 사람들을 미혹시키기 위하여 사람의 모습으로 위장한 마귀입니다. 아름다운 연인으로 위장한 귀신과의 춤, 그것은 바로 마귀와의 춤입니다.

세미나를 하다보면

얼마 전에 한 교회에서 중학생들을 위한 문화 세미나를 할 기회가 있었습니다. 세미나를 통하여 현대 문화의 위험 요소들을 지적하여 주고 좀더 현장감을 주기 위해서 MTV 의 나쁜 음악을 보여 주려고 했더니 자기들은 그런 음악은 듣지 않으니 걱정 말라고 하면서 갑자기 UFO에 대한 질문들을 해대기 시작하는데 마치 봇물이 터진 듯 했습니다. 그 만큼 그 교회에서는 그 누구도 그들의 질문에 속시원히 대답해 준 사람이 없었다는 증거입니다. 놀랍게도 거기에 참석한 대부분의 아이들이 그것의 존재를 믿는다고 했으며 그 이유는 영화 때문이었습니다. 한 아이는 〈X-파일〉이라는 프로그램에 완전히 매료되어 그것과 관계된 모든 제품들을 사들인다는 것이었습니다.

문득 지난해 노스 브룩에 사신다는 한 어머니로부터 전화를 받았던 기억이 났습니다. 오래 전 이민 오셔서 세 아이를 키우면서 교회에도 열심히 다녔다는 그 분은 언제부터인가 큰아들이 죽어도 교회에 안가겠다고 하는데 속수무책이라는 것이었습니다. 거기에다 친구들과 여행 간다고 해서 교회에 나가겠다는 약속을 받고는 돈을 주었는데 알고 보니 뉴멕시코 로스웰이라는 곳에서 벌어지는 UFO 추락 50주년 기념식에 친구 네 명과 간다는 것이었습니다. 단순히 호기심으로 가는 것이 아니라 아예 하나의 종교로 UFO를 신봉한다는 것이었습니다. 한술 더 떠서 못 가게 타이르는 부모에게 맹목적으로 교회에 나가는 것이 불쌍하다는 것입니다. 거기에다가 다른 친구들의 아버지는 아주 유익한 여행이 될 것이라고 부추기고 있으니 이 청년의 아버지는 사면초가에 놓였다는 것이었습니다.

또 16세 된 둘째 아들은 인터넷을 통해서 무엇인가를 하는데 도대체 무엇을 하고 있는지 감도 잡을 수가 없다는 것입니다. 그뿐만 아니라 애들 방에는 온갖 기괴한 사진들이 붙어 있어 방에 들어갈 때는 섬뜩한 기분이 든다고 합니다. 교회에 착실히 오랫동안 다니셨다는 것으로 보아 어떤 교회의 중직을 맡고 계시는 분 같았습니다. 목사님과도 상담이 되지 않고 아이들을 담당하는 젊은 전도사님은 혹 좀 아는가 싶었는데 그 분 역시 아무 것도 몰라서 고민하던 중에 저한테 전화를 한 것이었습니다.

이것이 어찌 그 한 분의 문제이겠으며 또 이러한 결과를 그 부모님의 잘못 때문이라고 매도하겠습니까? 앞으로 이런 자녀들의 문제는 세상 문화의 발달과 함께 점점 심해질 것입니다.

누구가는 이러한 문제를 책임져야 합니다. 부모님도 못하고 교회에서도 못하면 어떻게 합니까? 어떤 분들은 자기 자녀들은 전혀 문제가 없다고 하면서 이런 문제에 무관심합니다. 그러나 내 자녀에게 문제가 없다고 해서 남의 자녀 문제에 관심을 가지지 않는다면 어찌 진정한 크리스천이라고 할 수 있겠습니까? 마태복음 25장의 '염소와 양의 비유'는 좋은 교훈이 될 것입니다. 염소로 심판 받은 자들은 결코 악을 행한 사람들이 아니라 이웃에게 무관심한 사람들이었음을 알아야 할 것입니다.

이러한 세미나를 다녀보면 몇 가지 안타까운 일들을 발견하게 되는데 첫째는 아이들을 교회에서 맡고 있는 전도사님들이나 교사들이 세미나에 참석을 하지 않는다는 것이고 둘째는 앞에서 언급하였듯이 자기 자녀들이 이미 다 장성하였거나 자기 자녀는 별 문제가 없다고 믿는 분들이 전혀 관심을 가지지 않는다는 것입니다. 자기가 맡고 있는 아이들의 대부분이 UFO나 외계인의 존재를 믿고 있는데 그런 일에는 관심도 없고 단지 주입식으로 성경 말씀만 가르치면 된다고 생각한다면 2세들을 위한 교회 교육은 실패할 수밖에 없습니다. 이 시대는 문화를 통한 영적 전쟁의 시대입니다. 문화를 누가 주도하는가에 따라 승패가 결정된다고 해도 과언이 아닐 것입니다. 어린아이들이라고 과소 평가하지 마시고 그들이 가지고 있는 깊은 내면의 세계를 들여다 보는 교사들이 되기를 원합니다.

그러나 한 가지 문제는 그들의 문화를 이해하지 못하면 절대로 그들은 속을 드러내지 않는다는 것입니다. 겉만 보고 내 책무를 다했다고 만족해 하는 어리석음을 되풀이하지 않기를 바랍니다. 아이들이 웃습니다.

HOT와 엄정화

얼마 전 HOT와 엄정화가 미국에서 공연을 했습니다. 그런데 재미있는 사실은 그들의 초청 대상이 2세들이었다는 것입니다. 전면 광고로 실린 신문에도 영어로만 되어있고 심지어 공연을 주최하는 기획사도 공연에 대한 안내를 영어로 자동응답기에 녹음해 놓았습니다.

일찍이 교회에 강의를 다니면서 2세들을 상대로 설문 조사를 통해 안 사실이지만 거의 절반 이상이 한국의 인기가요를 즐겨 듣고 텔레비전 드라마를 봅니다. 그들이 얼마나 자신이 있었으면 우리 어른들 특히 기독교에서는 꿈도 못 꿀 그 유명한 시카고 매코믹 플레이스 안에 있는 에리 크라운 극장을 대여하여 공연을 기획했는지 그저 놀랄 일입니다. 아이들을 상대로 65, 50, 35달러의 높은 티켓 가격을 책정한 것도 그들의 자신감의 표출이겠지요. 하기야 한국의 세종 문화화관에서의 HOT 공연 때 35,000장의 티켓 예매가 단 26분만에 끝나버린 것을 감안하면 아무 것도 아닐 것입니다. 20년 전에는 3,000여 장의 음반만 팔려도 히트곡으로 간주했었는데 이제는 30만 장, 50만 장은 보통이고 심지어 100만 장 이상 팔린 음반도 꽤 되는 것으로 알고 있습니다. 놀랍게도 십대들의 무서운 음반 구매가 이러한 일을 가능하게 합니다. 우리 어른들이 끼니 걱정 안 하며 살기 위해 열심히 돈벌이할 때 밥은 굶을지언정 그들이 좋아하는 가수의 CD는 사야 직성이 풀리는 것이 요즈음의 십대들입니다.

교회 성도님들로부터 가끔씩 "우리 아이가 한국의 핫인가 뭔가하는 아이들의 노래를 자꾸 듣는데 아무리 듣지 말라고 해도 말을 안 듣는군요. 어떻게 해야 하나요?" 대강 이런 류의 질문을 받습니다. 그런데 무슨 이유로 듣지 말라고 하는지 뚜렷한 이유는 없습니다. 자기의 귀에 거슬리는 음악의 장르이기 때문에 무조건 싫다는 것은 아닌지 모르겠습니다. 그 반면에 한국 음반을 판매하는 곳에서 가끔 눈에 뜨이는 흥미로운 장면들이 있습니다. 한국 가수들의 음반을 사달라고 보채는 자녀에게 제법 비싼 가격인데도 불구하고 흐뭇한 표정을 지으면서 쉽게 사주는 부모들이 있습니다. 자, 그러면 우리 크리스천들은 자녀들에게 이러한 음반을 사 주어야 할까요? 아니면 거절을 해야 할까요? 이런 공연에 가도록 허락을 해야 할까요? 아니면 반대를 해야 할까요? 한 가지 분명한 사실은 꼭 가겠다는 자녀를 막을 길은 없다는 것입니다. 오히려 부모님이 적극적으로 같이 동행해 보는 것은 어떨까요? 가수들의 옷맵시나 노래 장르, 춤 같은 것으로는 결코 판단하지 마십시오. 오히려 그런 것을 이해하는 식으로 이끌어 나가면 오히려 자녀들은 부모님을 그들의 대화 상대자로 여기고 마음을 열 것입니다. 그런데 엄정화는 약간 문제가 있습니다. 종교가 불교라고 해서 선입관을 가지는 것은 결코 아닌데 그녀가 부르는 노래의 대부분의 가사가 정상적인 남녀의 만남보다는 불륜 내지는 선정적인 내용입니다.

비록 자녀들이 한국말을 잘 못한다고 하더라도 가치관이나 분별력을 깨우쳐 주기 위해서는 가사를 상세히 알려 주는 수밖에 없습니다. 인터넷을 쓰시는 부모님은 http://song.touch.co.kr로 들어가 보시면 그들의 신상 명세와 노래의 가사들을 얻을 수 있습니다. 가사 하나 하나를 설명해 주면서 왜 부모님이 염려를 하는지 알아듣게 잘 설명을 하십시오. 끝까지 인내를 가지고 적극적인 자세로 자녀를 교육할 때에 좋은 결과도 기대할 수 있을 것입니다.

중·고등부 아이들에게

　교회의 중·고등부 수양회에 가서 대중 문화 강의를 할 때가 있습니다. 그러한 수양회에 저를 강사로 초청하는 교회의 목적은 거의 대부분이 충격적인 강의를 통해 자녀들이 누리고 있는 세상의 음악이 담겨 있는 CD를 내버리게 해 주기를 원하고 덧붙여서 세상의 문화는 나쁘니까 보지도 말고 듣지도 말게 해 달라는 것입니다. 결코 누려서는 안 될 대중문화의 위험성에 대해 강의를 할 때는 흐뭇하게 바라보다가도 누려도 아무 상관이 없는 대중문화인데도 불구하고 교회와 부모의 잘못된 가르침으로 인해 죄의식을 가진 채 몰래 즐기고 있는 현실에 대해서도 이야기하기 시작하면 초청한 분께서 당황하기 시작합니다. 물론 아이들에게는 교회나 부모들이 잘못 가르친 것이 아니라 현대 문화의 변천이 너무나 빠르고 세대차에서 오는 문화관의 차이라는 것을 누누이 설명하는 데도 불구하고 그 자체를 아예 싫어합니다. 어른들은 교회만 나오면 온갖 세상의 것을 다 누리면서 말입니다. 그런데 그때마다 주체할 수 없게 허탈감, 위기감, 분노 같은 것이 솟아납니다.

아이들은 예외 없이 한국의 대중 가수 유승준과 핑클을 좋아합니다. 얼마 전 방영되었던 영화 〈스타워즈〉는 거의 안 본 아이가 없는 것 같습니다. UFO나 외계인을 믿는 아이들도 제법 있습니다. 그런데 문제는 그들에게 무엇이 괜찮은 것이고 어떤 것이 나쁜 것인지 분별력이 없다는 것입니다. 교회에서 하라, 하지 마라 흑백 논리로만 가르치니 분별력이 있을 리가 없지요. 장장 두 시간 이상을 대화하고, 영상을 보여 주면서 강의를 진행하는 동안 성경적 세계관으로 문화를 바라볼 수 있는 분별력을 가질 수 있도록 많은 시간을 할애합니다. 그리고는 마지막 마무리 단계에 와서는 전도에 관한 이야기를 합니다. "너희들 보니까 교회 밖에서는 별 짓 다하면서 교회에서는 점잖은 척 하고 있는데 그런 식으로 하면 교회에 처음 나오는 또래들이 교회에 적응하기가 힘들다. 전도를 위해서는 세상 친구들이 좋아하고 관심이 많은 문화를 도입하여 일단 교회에 나오게 해놓고 서서히 복음을 전하는 것이 좋은 방법이 될 것이다. 그러기 위해서는 아직 어리지만 문화에 대한 공부를 많이 하여 옳거나 잘못된 문화에 대한 분별력을 키우고 문화를 하나의 전도 도구로 사용하면 현재 어른들이 못하고 있는, 믿지 않는 영혼들의 전도에 너희들이 앞장설 수 있다."고 하면서 열변을 토하지만 아이들은 전도는 어른들이 하는 것이다라고 생각합니다. 무슨 말이냐 하면 지금은 부모 따라 교회를 나오지만(나와 주지만), 대학만 가면 교회는 나와 아무런 상관이 없는 곳이라는 것입니다. 학생 중에는 지난번 다녀온 멕시코 단기 선교에 갔다온 일에 대해서 자랑스럽게 이야기하는 친구가 있는데 막상 지역 전도에는 관심이 없었습니다. 주위에 교회 안 나가는 친구들이 없다는 것입니다. 찾아보지도 않고 노력도 해 보지 않고 미리 핑계를 대는 것을 보노라면 어른들 연상됩니다.

지금이라도 교회의 유년주일학교, 중·고등부에서 전도에 대한 중요성과 사명을 가르쳐야 할 것 같습니다. 전도의 중요성과 사명을 어릴 때부터 부각시키는 것이 무엇보다 급한 일이고 그들이 세상이나 학교의 친구들을 교회에 데리고 왔을 때 교회를 떠나지 않게 하기 위해서는 담당 전도 사님과 학생들의 치밀한 계획과 훈련, 기도가 뒤따라야 한다고 봅니다. 그 일을 위해서는 문화가 아주 좋은 도구가 됨은 말할 필요가 없습니다. 아니 필수 요건인지도 모르겠습니다.

신학교와 문화교육

요즈음 각 교단에서 운영하는 신학교들의 신입생 모집 광고들을 신문을 통해 많이 접하게 됩니다. 어떤 광고에는 강사와 시간표, 과목까지 상세히 나와 있습니다. 그런데 아무리 눈을 씻고 보아도 문화에 관한 과목은 없습니다. 시대가 바뀌는데도 신학교에서 다루는 과목은 변함이 없는 것 같습니다.

시대가 바뀌면 문화가 바뀌고 특히 요즈음같이 하나님을 대적하는 집단들이 문화를 가지고 융단 폭격을 퍼붓는 때에는 각 교회마다 이에 대한 대비책이 시급하다고 하겠습니다. 그런데 목사님들이 문화의 변화에 대해 모르신다면 심각한 일이 아니라 할 수 없습니다. 교회 문만 나서면 온통 세상 문화 판인데 만일 문화에 대한 지식이 없으면 교인들에게 하라 또는 하지 말라는 식의 이원론적 상담밖에는 해 줄 수가 없을 것입니다. 문화사역은 전문가에게 맡기더라도 최소한의 지식과 대처 방안 정도는 목사님께서 정립하셔야 할 것입니다.

일전에 어떤 지방에서 대중 문화 세미나를 할 기회가 있었는데 세미나가 시작되기 전 대화를 나누는 자리에서 뉴에이지라는 용어를 처음 접한 목사님께서 "도대체 뉴에이지가 좋은 거요? 나쁜 거요?" 라고 단도직입적으로 물으셔서 입장이 난처한 때가 있었습니다. 뉴에이지가 그냥 스쳐 지나가는 문화 운동쯤 된다면 별로 걱정할 문제가 아닙니다. 그러나 뉴에이지는 지금 세계 통합을 꿈꾸는 적그리스도의 하수인들이 뉴에이지의 범신론과 진화론적 윤회설을 교묘히 이용하여 기독교 복음을 혼미스럽게 하고 있는 위험천만의 반기독교 집단의 핵심 사상입니다. 요즈음 쏟아져 나오는 영화나 음악들의 주제들을 주의 깊게 살펴보면 뉴에이지 사상이 많이 깔려 있는 것을 알 수 있습니다. 심지어 어린아이들이 즐겨보는 만화 영화의 주제들도 온통 그러한 것들입니다.

문화의 중요성과 심각성을 안다면 최소한 신학교에 문화사역론이나 기독교 세계관, 혹은 문화를 교회에 어떻게 적용시킬 것인가, 또는 요즈음 중요한 이슈로 떠오르고 있는 열린예배 같은 과목들을 개설해야 할 것입니다. 열린예배는 믿지 않는 자들을 문화로 접근하여 쉽게 복음을 받아들이게 하고 세상 문화에 숙달되어 있는 젊은 층들이 교회를 이탈하지 않게 한다는 장점을 가지고 있어 이 시대에 한 번쯤 재고해 볼 만한 예배 형식임은 분명합니다. 하지만 아무 준비와 훈련 없이 모방과 경쟁만으로 너도나도 한다면 자칫 잘못하여 교회를 세속화시킬 수 있는 위험이 있으며 평생을 같은 형식으로만 예배를 드려온 기성 세대들을 소외시키는 실수를 범하게 됩니다. 이러한 중요한 사안들을 신학교에서 반드시 다루어야 한다고 생각합니다. 재학 중인 신학교 학생들을 위한 것뿐만 아니라 목사님들의 연장 교육에도 이러한 과목들이 추가되어야 할 것입니다. 지금은 바야흐로 총칼 없는 문화 전쟁의 시대입니다. 문화를 먹느냐 먹히느냐의 치열한 전쟁을 반기독교 세력들과 겨루어야 합니다. 창세기 1장 28절의 문화 명령 이후 계속해서 세상에 빼앗겨 왔던 우리의 문화를 다시 회복하는 것은 이 시대를 사는 우리들의 몫입니다.

열린예배

　요즈음은 많은 목사님들께서 열린예배에 대해 관심을 가지는 것 같습니다. 사실 말이 열린예배이지 본래는 안 믿는 자들을 교회로 인도하기 위해 시작된 것이 왜곡되어 이제는 예배시간에 간단한 드라마나 보여 주고 복음성가 많이 섞어서 찬양 많이 하면 그것이 열린예배인양 생각하는 분들이 많은 것 같습니다.

　물론 현대 문화를 이용하는 예배 스타일은 기존 신자들을 위해서도 계속 추구하고 연구해 나가야 할 필요성은 있습니다. 문제는 열린예배를 한국의 열린 음악회쯤으로 착각하는 분들이 많다는데 있습니다. 또 열린예배라면 반드시 기존의 전통을 바꾸어야 한다는 강박 관념 때문인지 한두 가지 예배의 순서를 바꾸기도 하고 또 어떤 것은 빼버리기도 합니다. 그러다 보니 그것을 추구하는 교회들과 전통을 고수하려는 교회들 간의 갈등이 심각한 것 같습니다. 거기에다가 열린예배를 지향하는 교회는 지속적으로 늘어나는 것에 비해 노래하는 자들과 악기 다루는 자들은 태부족인 것이 다른 문제로 나타나고 있습니다. 모자라는 자리를 채워 넣는 방법으로는 다른 교회에서 멀쩡하게 봉사 잘 하고 있는 자들이나 세상 음악 하는 자들을 사례비로 유혹하여 데려오는 수밖에는 없습니다. 보통 심각한 일이 아닙니다. 이렇게 나가다가는 하나님 앞에 찬양 드리는 것이 아니라 오히려 가증스러운 죄를 짓게 되고 교회와 교회 간에 불신감만 조성하고 서로 상처만 주는 심각한 지경에 이르게 되리라 생각합니다. 사례를 받고 하나님 일하는 사람들이 이런 식으로 무분별하게 교회에서 생겨나면 그렇지 않아도 물질 만능과 혼돈의 시대에 살아가고 있는 우리 2세들에게 어떤 영향을 끼치게 될지 한 번쯤 생각해 보아야 할 것입니다. 이런 식으로 나가다가는 전 교인에게 사례비를 지불해야 할 날이 오지 않을까 염려됩니다.

사실 교회 일을 두고 볼 때에 누구에게는 사례 주고 누구는 그냥 봉사하라고 할 아무런 차이점이 없는 것입니다. 그런데 한 발짝 물러서서 생각해 보면 사례를 주어 가면서 다른 교인을 데리고 오지 않아도, 또 세상 음악인을 동원하지 않아도 찬양팀을 조직할 수 있는 길이 얼마든지 있습니다.

금방 이루려는 조급증을 버리고 각 교회의 고등부나 청년부를 한 번 둘러 보십시오. 요즘의 젊은이들은 어릴 때부터 음악과 TV 등 대중매체들을 끼고 자라기 때문에 악기를 다루는 자들이 굉장히 많습니다. 혹 악기를 다루지 않는 자들이라도 우리들의 어린 시절과는 비교가 되지 않게 악기 습득력이 뛰어납니다. 2세들을 활용하십시오. 비록 언어의 장벽이 약간 있을지라도 찬양을 같이 올린다는 것이 얼마나 아름다운 일입니까? 찬양하는 데 나이 차이가 문제될 리가 없습니다. 우리들의 선입관만 버리면 됩니다. 찬양 시간이 끝나면 그들은 그들대로 따로 모여서 예배를 드리면 될 것입니다. 교회 재정을 낭비하지 않아서 좋고 2세들에게는 예배의 중요성을 일깨워 주고 적어도 하나님 앞에서 어른들과 동일하게 인정되었다고 하는 자부심을 심어 주게 되니 바로 일석이조가 아니고 무엇입니까?

저나 제 아내는 음악이나 악기와는 전혀 거리가 먼데도 불구하고 제 큰아이는 기타를 스스로 습득하였고 그 주위의 사촌들이나 친구들 중 악기 못 다루는 자들이 거의 없을 정도입니다. 한 번 둘러보십시오 그리고 하나님 뜻에 합당하게 기도로서 간구해 보십시오. 인력은 얼마든지 있습니다. 하나님 일에 편법은 쓰지 맙시다.

크리스천의 기 훈련

현대를 살아가는 사람들에게 중요한 관심사 중 하나는 아마 건강인 것 같습니다. 특별히 한국 사람들은 그 도가 지나쳐서 한때는 한국에서 굼벵이나 까마귀의 씨가 마를 뻔 했다는 이야기가 들릴 정도입니다. 그래서인지 요즈음 요가나 기 운동을 하는 곳이 기하급수적으로 늘어나고 있습니다. YMCA같은 기독교 단체 뿐만 아니라 심지어 교회에서도 여전도회나 남전도회 주관으로 교회 안에서 요가나 기 운동을 하기도 합니다. 그러나 우리 크리스천들은 아무리 몸에 좋은 것이라 해도 최소한 그것의 근원이나 우리들에게 끼칠 영향 정도는 확실하게 알아본 다음에 해야 할 것입니다.

우주의 에너지를 인도인들은 '프라나' 라고 하고 중국인들은 '기' 라고 부르며 도교에서의 음양의 기는 인간이나 만물을 구성하고 있는 근본 에너지로 봅니다. 요가의 어원은 'Yoke' 즉 연합이라는 뜻입니다. 요가를 통해서 신인합일(神人合一), 그러니까 인간과 신이 하나가 될 수가 있다는 것입니다. 이생에서의 업으로 인해 내생이 결정되는 환생의 바퀴를 요가를 통한 해탈로 벗어나면 신의 경지에 도달한다는 것입니다. 해탈의 경지에 이르기 위해서는 요가의 7가지 단계를 거쳐야 합니다. 그들은 신을 비인격적인 힘이나 기로 정의하고 있습니다. 초월 명상 같은 것을 통하여 자신에게 내재하고 있는 신성을 발견하고 요가나 기 운동을 통하여 우주에 내재하고 있는 에너지 즉 신과의 합일을 이룬다는 것입니다. 요가를 전한 자들은 인도의 힌두교 구루들입니다. 단학이나 기 운동하는 단체의 우두머리들은 백이면 백 모두 우리 기독교와는 상반되는 신관을 가진 자들입니다.

더구나 기나 요가는 육체적인 요소 이외에 크리스천으로서는 도저히 묵과할 수 없는 영적인 것이 가미된 위험한 것입니다. 초기 단계에는 정신 집중 같은 것으로 육체의 건강만 도모한다고 하지만 하나님이 아닌 다른 영에게 우리의 건강을 의지한다는 것은 말이 안됩니다. 요즈음은 태권도 도장에서도 기 운동이나 명상을 가르친다고 들었습니다. 자녀를 태권도 도장에 보내시는 분들은 이것을 꼭 확인하셔야 합니다. 혹 그분이 크리스천이면 그러한 것을 도장에서 못하도록 충고하십시오. 예수님 믿는 태권도 도장의 관장께서는 이런 비기독교적 요소들을 도장으로부터 몰아내는 용기를 가지고 결단을 내리기를 간절히 바랍니다. 이왕 나온 김에 한 가지만 더 부탁드립니다. 이곳 미국에서는 관장이나 사범을 마스터로 부르는데 이러한 것도 시정하면 어떨는지요? 이 세상에는 예수님 이외에는 마스터로 불리기에 합당한 사람은 한 사람도 없습니다. 선배들이 만들어 놓은 관행이라도 성경의 잣대로 보아 틀린 것은 과감하게 청산해야 합니다.

자 오늘부터 아침마다 15분 정도 맨손 체조하시고 잠깐 성경 말씀 묵상과 기도로 하루를 시작해 보십시오. 그까짓 기 운동, 요가를 안 하셔도 건강한 생활 충분히 유지하실 수 있습니다.

아름다운 추억 되살리기

갑자기 아내가 키득키득 웃음을 억지로 참으며 뭔가 불쑥 내미는 것이었습니다. 몇 통의 편지 뭉치 같은 것들이었습니다. 무심결에 한 장의 편지를 펼쳐드는 순간, 아! 그것은 바로 20년 전, 결혼 전에 아내에게 썼던 러브레터였습니다. 빛 바랜 그 편지들을 여태껏 간직하고 있었던 아내가 대견스럽기도 하였고 한편으로는 옛날 그 아름답던 추억들을 망각한 채 바쁘게만 살아온 내 삶의 단면을 보는 것 같아서 무척 당황했던 순간이기도 했습니다.

"당신하고 살면서 섭섭한 일이 있을 때는 그 편지들을 읽고 또 읽으면서 위로를 받곤 했었지요"

아내의 말을 듣는 둥 마는 둥 남의 편지 훔쳐보는 것 처럼 조심스럽게 읽어 내려가는데 가슴은 왜 그렇게 방망이

질을 쳐 대는지요.

"밤은 또 깊었습니다.

낯선 침대 옆에서 생소한 책상 위에서 우두커니 혼자 있
으려니 어느 시골 여인숙에 머문 나그네 같은 그런 밤이올
시다.

(중략)

요즈음 나는 밤새우기가 무척 두렵소. 내일이면 만날 당
신에게 긴 밤은 너무나 큰 장애인 것 같소. 빨리 자다. 후
딱 이 밤이 지나야 내일 또 당신의 유쾌한 웃음을 볼게 아
니오. 잠들고 난 뒤에 소나기가 퍼붓든 천둥이 치든 내 알
바 아니오

그때쯤엔 난 당신과 꿈에서 만나….

잘 자요."

과거나 추억은 나에게는 없느니 하고 앞만 바라보고 뛰
어왔던 나의 삶, 나에게도 그렇게 순수하고 열정적인 때가
있었던가? 편리한 것만 찾다가 지구촌이니 뭐니 하면서 어
지간한 일들은 전화 한 통화로 끝내 버리고 편지 같은 것도
팩스로 보내 버리는 세상, 인간성은 메말라 버릴 대로 메말
라 버린 세상…. 인간이 과학을 만드는 것인지, 과학이 인

간을 주도하는 것인지도 모른 채 자기 성찰 한 번 못 해보고 살아 왔던 삶이 아니었나 생각해 봅니다. 앞으로의 삶은 이보다 더 삭막해질 것입니다. 컴퓨터 앞에 앉아서 몇 자 타이핑 하고 모뎀을 통해서 이메일로 소식을 전하고 사진도 디지털로 처리하여 고치고 싶은 대로 고치고…. 얼마 전 나온 AT&T 광고를 보니 두 십대 연인이 전화 통화를 하면서 남자 친구가 컴퓨터에 앉아서 여자 친구의 옷을 벗긴 것처럼 조작된 사진을 여자 친구의 컴퓨터로 전송하고는 그 사진을 보면서 재미있어 하는 장면이 있었습니다. 빛 바랜 추억의 편지나 사진은 앞으로는 점점 구경하기 힘들 것입니다. 편리함만 추구하다가 신용카드에서 스마트카드로 그 다음 피부에 이식할 플라스틱 회로판으로 그 다음엔 바이오 칩으로…. 결국에는 요한계시록에서 언급하는 짐승표까지 받고 말 것이 아닌지요?

기존 가정들이 수없이 무너지는 이때에 남편이 아내에게 아내가 남편에게 속이 상하고 섭섭한 일이 생길 때는 옛날 주고 받았던 추억의 편지들을 꺼내 읽으며 그래 이런 때도 있었지 하며 슬며시 미소 지을만한 여유가 있었으면 좋겠습니다.

4

크리스천 삶 속에 승리의 깃발을 꽂아라

그리스도의 향기

며칠 전 시카고에서 제법 크다는 한국 식품점의 주인과 대화할 기회가 있었습니다. 아니 대화가 아니라 일방적으로 듣는 형식이었습니다.

그 분은 크리스천들에 대해 매우 비판적이었습니다. 한마디로 교회 다니는 사람들은 경우도 없고 예의도 없다는 것이었습니다. 특히 광고지나 포스터를 붙이는 습성들은 정말 꼴불견이라는 것입니다. 다른 교회의 행사 광고가 버젓이 붙어 있는데도 불구하고 그 위에 자기 것을 붙이는 것은 다반사이고 어떤 때는 행사광고가 아닌 교회 홍보용 광고를 붙여 놓고 간다는 것입니다. 별로 크지도 않는 공간에 다른 사람들도 생각해야지 기간의 표시도 없는 것을 붙여 놓고 가면 자기 것을 평생 붙여 놓겠다는 심보가 아니냐는 것입니다. 그뿐만 아니라 포스터를 붙이는 일은 잘도 하는데 행사가 끝나고 나서 떼러 오는 사람들은 한 명도 없다는 것입니다. 또 책이나 팜플렛, 테이프들도 갖고 와서는 남의 것은 쑥 뽑아서 뒤로 밀어버리거나 안 보이는 곳으로 옮겨 버리고 자기 것을 제일 좋은 자리에 배치한다는 것입니다. 더 가관인 것은 특정교회의 노방전도팀이라고 합니다. 가게 입구 제일 좋은 자리에 교회차를 주차해 놓고는 아예 가게 바로 앞에다 테이블과 플랭카드 등을 동원하여 진을 치고는 전도지를 돌린답니다. 가게 주인과 사전에 한 마디 상의도 없이 말입니다. 가게 주인과 상의하는 일은 상식에 속하는 일이지요. 그리고 각 지역마다 비즈니스 지침이 있기 마련이고, 특별히 플랭카드는 사전 허락 없이는 못 붙이게 되어 있는데 그러한 것을 무시해 버린다는 것입니다. 예수 믿기 전에 인간부터 먼저 되어야지 누가 그런 꼴보고 교회에 나가겠느냐는 것입니다. 교회에 나간다는 사람들에게도 막무가내로 전도지를 돌리고 또 받은 사람들은 아무 데나 내버리니 청소는 가게에서 해야 되고, 도대체 그런 짓들이 소위 전도를 한다는 사람들의 태도이냐는 것입니다.

그 분의 이야기를 들으면서 물론 다소 과장된 면도 있으리라 생각되지만 하나도 틀린 말이 아니라는 생각이 들었습니다. 정말이지 우리 크리스천들은 이런 면에서 크게 반성을 해야 한다고 봅니다. 소위 전도를 나온 사람들이 그렇게 무분별하게 행동하니 평소에 만 가지를 다 잘해도 한 생명을 인도하기가 어려운데 이런 식으로 하다가는 오히려 전도의 문이 닫히지 않을까 우려가 되는 것입니다. 아니 실제적으로 지난 십 수년 간 전도의 열매가 거의 없었던 것이 사실일 것입니다. 전체 교회 숫자에다 평균 출석인원을 곱해 보면 교회에 출석하는 자들이 대략 전체 교민 수의 10~15퍼센트 정도 되는 것 같은데 그것은 10년 전이나 지금이나 거의 별 차이가 없는 것 같습니다. 무슨 전도대회라 하면 교회와 교회 사이의 교인들 수평 이동만 있었지 불신자 전도는 거의 없었다는 것입니다. 어찌 보면 며칠 전 식품점 주인의 그 비판은 한 사람의 불평 불만으로 쉽게 흘려 버릴 사안이 아니라 현재 교회 밖에 있는 자들의 크리스천들을 향한 생각이 생각보다 훨씬 더 부정적이고 매섭다는 것을 깊이 깨달아야 할 것 같습니다.

삶이 뒷받침 되지 않는 신앙은 무의미하다고 생각합니다. 예수의 향기! 빛과 소금! 우리들이 평소에 잘도 쓰는 이 문구들이 우리들의 잘못된 행동으로 인하여 오히려 세상 사람들의 조소거리가 되어서는 안 되겠다는 생각이 듭니다. 그래서 저희 예향도 우선 작은 일부터 하나 실천하려고 합니다. 그것은 행사 때 여러 곳에 붙인 포스터를 행사 후에는 반드시 다시 떼는 일입니다.

준비찬송

부흥회나 주일 예배 시간에 우리들이 틀에 박힌 듯 일률적으로 하는 것이 준비 찬송입니다. 거의 대부분이 말 그대로 예배나 집회를 준비하는 것으로 사회자가 강사나 설교자를 대동하고 강단에 올라오면 준비찬송은 끝을 내게 되고 혹 시간이 좀 남아 있으면 자기가 좋아하는 찬송가 하나 더 부르게 하고는 "이제 묵도하심으로 하나님께 예배(집회)를 드리겠습니다."라며 분위기를 경건하게 바꿉니다. 주일 예배에 대해서는 각 교회마다 사정이 있고 담임 목사님들의 개성이 있으니까 오늘은 공중 집회때 행해지는 준비 찬양에 대해 나누기를 원합니다.

특별히 저희 예향에는 찬양단이 있어서 연합집회에서 많이 찬양을 인도하는 편입니다. 그런데 거의 매번 느끼는 것이 왜 찬양을 예배로부터 분리하느냐는 것입니다. 강사와 순서 맡으신 분들은 사무실에서 담소하고 있는 동안 준비 찬양은 빈자리가 어느 정도 찰 때까지 하게 됩니다. 예외 없이 "30분 정도 준비 찬양하시다가 강사와 순서 맡은 목사님들이 강단에 올라오시면 끝내 주십시오."라는 부탁을 받게 됩니다. 그나마 찬양으로 인해 뜨거워진 열기가 묵도로 인해 수직으로 식어 버립니다. 분명히 찬양은 하나님께서 기뻐 받으신다는 전제 하에 온 힘과 정성을 다하여 드리는 것인데 한낱 예배 전의 들러리 취급밖에 하지 않는 것은 아닌지 한 번쯤 생각해 볼 필요가 있을 것 같습니다.

찬양은 약속한 시간에 시작하는 것이니 단 한 사람이라도 와서 앉아 있으면 정시에 시작해야 합니다. 강사나 모든 순서 맡으신 분들이 강단에 올라오셔서 같이 참여한 가운데 예배나 집회를 일단 선언하고 찬양을 시작하면 어떨까요? 그렇게 함으로 말씀 듣기 전에 강사와 청중들이 찬양으로 하나가 됨으로 더 큰 은혜의 시간이 되지 않을까 생각해 봅니다. 꼭 묵도를 해야 한다면 묵도를 먼저 한 다음 찬양을 하면 될 것입니다.

또 한 가지 생각해 볼 일은 준비 찬양은 주로 복음성가로 하는데 예배 때는 거의 찬송가만 한다는 것입니다. 찬송가 편찬위원회에서 편찬한 찬송가만 진정한 예배용이라는 잘못된 생각에서 이러한 우를 범하고 있습니다. 예배 때 쓸 수 없는 복음성가라면 예배 전에도 쓰지 말아야 할 것입니다. 안 되면 어떤 경우에도 안 되는 것이지 이런 때는 되고 저런 때는 안 된다는 것은 받아들이기가 어렵습니다. 특히 신세대들에게는 도저히 이해시킬 수 없는 부분입니다. 결코 선배들이 잘 닦아 놓은 전통을 없애버리자는 것이 아닙니다. 성경에 어긋나지 않는 범위에서 나오는 좋은 생각이나 의견들은 받아들이고 숙고하는 풍토가 만들어져야 합니다. 잘못된 관행이 있으면 과거에 그것을 누가 만들었던 과감히 청산할 수 있는 결단이 필요합니다. 또한 반드시 지켜야 할 것은 목숨바쳐 지킬 수 있는 용기도 필요합니다.

복음은 변하지 않지만 교회의 주체들은 시대에 따라 계속해서 바뀝니다. 문화도 시대에 따라 바뀝니다. 찬양을 예배의 들러리로 생각하는 구시대적 사고방식은 이제 버려져야 합니다. 성가대의 찬양만 예배에 합당하다는 생각도 버려야 합니다. 성도들이 예배 때 부르는 찬양은 무조건 찬송가라야만 된다는 주장을 하시는 분이 많습니다. 그런데 성가대에서는 어떤 복음성가를 불러도 아무런 문제가 되지 않는 것이 엄연한 현실입니다. 앞으로의 교회의 주체들은 우리 2세들입니다. 그들은 찬양이 살아 있는 곳으로 몰릴 것입니다. 찬양을 예배 안으로 끌어들이는 결단은 빠르면 빠를수록 좋습니다. 찬양은 하나님께 올리는 것이다라

는 확고한 생각만 가지게 되면 모든 문제는 풀려 나갈 것입
니다.

특수교회의 필요성

아주 오래 전 제가 중학교에 다닐 때의 일입니다. 그 당시 저의 집은 꽤 잘사는 층에 속했습니다. 그런데 저의 집에서 얼마 떨어지지 않은 곳에는 빈민촌이 있었습니다. 저와 같은 반에 다니는 친구가 그곳에 살고 있었던 관계로 자연스럽게 그곳의 불량 청소년들과 어울리게 되었습니다. 그런데 얼마 후 그들을 교회로 인도해야겠다는 생각이 들었습니다. 모태 신앙이라고는 하지만 그 당시에는 구원의 확신도 없었던 저로서는 그들을 예수 믿게 해야겠다는 뜨거운 열정보다는 담당 전도사님께로부터 칭찬이나 듣고 싶었던 것이지요. 정말 많은 노력 끝에 그들을 교회로 인도할 수 있었습니다.

그러나 정작 그들을 교회로 인도한 첫날, 큰 사건이 터지고 말았습니다. 한 친구가 교회 화장실에 가서 담배를 피우다가 그만 들켜 버렸고 결국에는 난생 처음 와 본 교회에서 예배 한번 드려보지 못한 채 쫓겨나고 말았습니다. 아주 경멸에 찬 꾸중과 함께 말입니다. 물론 저도 호되게 꾸지람을 들었습니다. 어린 저의 마음에 어떤 상처가 남았겠습니까? 형식적이며 사랑이 결핍된 교회의 부정적 이미지는 그후 오랫동안 저의 마음에 남았고 결국은 고등학교, 대학을 거치면서 한동안 세상으로 빠져들게 된 계기가 되었습니다.

지금은 많은 청년들과 함께 문화사역을 하는 관계로 술 담배를 하고 심지어 마약까지 하는 청년이나 청소년들을 접할 때가 있습니다. 얼마 전에도 갑자기 마약으로 인해 변해버린 15세 된 아들 때문에 울부짖는 부모님의 이야기를 듣고 일단 저희 예향에서 조심스럽게 접근해 보기로 약속했습니다. 지금 미 전국적으로 마약으로 인해 보호 감호소에서 치료를 받고있는 한인 청소년이 천 명이 넘는다는 기사가 며칠 전 신문 기사로 발표되었습니다. 지금은 중 고등학교뿐만 아니라 심지어 초등학교에서조차 마약이 거래되고 있는 실정입니다. 그런데 문제는 이러한 청소년들이나 청년들을 맡길 만한 교회가 없다는 것입니다. 이러한 자녀들을 둔 부모님들은 전혀 교회의 도움을 못 받고 혼자서 염려만 하고 있습니다. 일을 그만두고 자식과 함께 있어야 하는 줄을 알면서도 경제적으로 어려운 분들은 일을 그만둘

수도 없는 입장이라 거의 포기 상태입니다. 어릴적 제가 받은 상처를 생각하면 이들을 대할 때 여간 조심스럽지 않습니다. 그리고 보면 이제 교회도 전문화된 교회가 필요한 것 같습니다. 육체적인 병을 다루는 의사들도 요즘은 다 전문의로 나누어지는데 영적인 문제를 다루는 교회도 전문 사역을 하는 교회들을 만들면 훨씬 더 효과적으로 영적 치유가 가능하지 않을까요? 장애인들을 위한 교회, 불량 청년들을 선도하는 교회, 보호자 없는 노인들을 모시는 교회 등 일반 교회에서 감당하기 힘든 사역을 할 수 있도록 전 교회들이 합심하여 물질과 기도로 밀어 주면 될 것입니다. 물론 전문 사역자들 양성도 전 교회적으로 합심하여 이루어 나가야 할 것입니다.

시야를 조금만 넓힙시다. 이때까지 보지 못했던 여러 구석구석에 말 못 할 고민을 안고 도움의 손길을 기다리고 있는 많은 사람들을 볼 수 있을 것입니다.

열린예배 유감

칼럼의 제목을 '열린예배 유감'으로 정해 놓고 나니 열
린예배를 무조건 반대하는 것으로 생각하시는 분이 혹 계
실지 모르겠습니다. 문화사역하는 자가 문화를 도입하는
예배를 마다할 아무런 이유가 없습니다. 오히려 장려하는
입장이지요.

문제는 아무 것에나 '열린'이라는 단어를 갖다 붙이고
똑같은 단어인데도 불구하고 용도를 다르게 써서 오는 혼
돈에서 비롯되는 것 같습니다. 마치 한국에서 찬송가에 수
록되어 있지 않은 모든 기독교 계통의 음악을 CCM(Cont-
emporary Christian Music)과 Gospel Song(가스펠송)으로
구별하여 쓰지 않고 복음성가로 통일해서 쓰듯이 말입니
다. 어떤 곳은 누구라도 와서 참석할 수 있도록 열려 있다
는 뜻으로 열린예배로 부르는 것 같고, 어떤 경우에는 모든

교회가 다 참석할 수 있도록 교회 간의 담을 허문다는 의미로 열린예배라고 부르는 경우도 있습니다. 또 어떤 곳은 예배갱신의 한 방법으로 많은 문화를 도입하고 그것을 열린예배로 부르기도 합니다. 어느 쪽이든 관계없이 현대 교회에서 반드시 시도해야 할 일이라고 생각합니다. 그러나 전자의 경우는 주로 믿지 않는 자들을 교회 안으로 이끌기 위하여 다소 그들이 좋아하는 문화를 도입하는 경향이 있으므로 예배로 부르기보다는 모임으로 부르는 것이 타당할 것 같습니다. 그러나 굳이 예배라는 단어를 고집한다면 그냥 열린예배로 불러도 상관이 없겠습니다.

그 반면에 기존 신자들을 목표로 예배 형식을 조금 고치고 찬양이나 문화를 많이 가미한 예배를 추구한다면 구태여 열린예배라고 불러서 혼란스럽게 만들기보다는 문화 예배라고 부르면 어떨지요? 그래서 아예 열린예배는 믿지 않는 자들을 위한 것으로 정의해 버리면 다른 형태와 확실한 구분이 될 것 같습니다. 사람들은 각자 자기가 가지고 있는 틀이 있습니다. 남을 위해서 자기의 틀을 깨어 버리는 아름다운 분도 계시고 자기의 틀을 끝까지 고집하시는 우직스럽고 믿음직한 분도 계십니다. 그런데 문제는 자기의 틀에 맞지 않는다고 해서 상대편을 나쁘다고 하거나 심지어 정죄까지 하는 경우가 있다는 것입니다. 기독교 세계관이라는 것은 성경적 잣대로 상대편을 보거나 판단하는 것이지 자기의 틀을 기준으로 삼지 않습니다. 예를 들면 사도신경을 예배 순서에서 빼는 교회의 경우입니다. 어떤 교회는 사도신경을 생략하는 교회를 가리켜 하나님께 큰 불경죄라도 지은 양 방방 난리를 피우고 또 그것을 생략하는 교회에서는 그렇게 하지 않는 교회를 가리켜 원래 가톨릭에서 쓰던 것을 개신교에서 번역만 살짝 바꾼 채 잘못 사용된 것이므로 사도신경을 없애야 한다고 목청을 올립니다. 도대체 사도신경을 예배에 쓰면 어떻고 안 쓰면 어떻다는 것인지 정말 이해가 되지 않습니다. 그게 정말이지 하나님과 무슨 큰 상관이 있겠습니까? 영어 사도신경에는 분명히 '공회'가 'Catholic Church' 라고 되어 있으나 우리들이 늘 쓰는 사도신경에는 그런 것이 없으니 문제가 될 것이 없을 것입니다. 그런 식으로 따진다면 12월25일 크리스마스도 지켜서는 안 되는 것이지요. 날짜가 언제인지 상관없이 예수님 탄생을 기뻐하면 그것으로 족할 일이지 그것을 누가 정했느니 잘못되었느니 따진다면 할말이 없는 것입니다. 우리들이 늘 쓰고 있는 한글 사도신경에는 신앙고백용으로 쓰기에는 내용에 아무런 하자가 없을 것 같습니다.

또 굳이 사도신경을 쓰지 않고 "예수님으로 인해 구원시켜 주신 하나님을 사랑합니다" 라고 속으로 고백을 하더라도 사도신경에 버금가는 훌륭한 신앙 고백이 될 것 같기도 합니다.

열린예배 또는 문화 예배가 좋은 목적으로 시도되고 있으나 자칫 잘못하면 그것을 추구하는 교회와 전통을 고수하는 교회 간에 오히려 불신과 반목을 증폭시킬 수가 있음을 우리 모두가 알고 서로를 존중하고 덮어 주는 풍토가 살아날 수 있게 노력해야 하겠습니다.

슬픈 성탄절

크리스마스를 앞두고 많은 가정에서 장식들을 하느라 바쁩니다. 몇 년 전만 해도 12월초에나 시작하던 크리스마스 장식들을 이제는 추수감사절만 지나면 경쟁하듯이 시작합니다. 저희 앞집에는 참으로 화려한 장식을 해 놓았습니다. 산타클로스에다 사슴들 그리고 수많은 전구들이 밤이면 아름답게 빛납니다. 그러나 정작 축하 받아야 할 예수님은 간 곳이 없습니다. 저는 그 앞집 사람이 얼마나 엉터리인지 압니다. 왜냐하면 그는 크리스마스뿐만 아니라 한 달 반 전인 할로윈데이때에도 온갖 장식들로 치장했기 때문입니다. 그때는 끔찍스럽게도 목매달아 죽은 인형에다 무덤까지 그럴듯하게 만들어 놓았습니다. 이러한 사람에게 크리스마스는 아무런 의미가 없습니다. 예수님의 탄생을 기리는 것이 아니라 그냥 공휴일 그 자체를 즐기는 것입니다. 요즈음 나오는 크리스마스 카드들을 한번 보십시오. 우리 크리스천들이 쓰기에 적합한 카드를 찾기가 쉽지 않습니다.

믿지 않는 자들 뿐만 아니라 이제는 믿는 자들마저도 크리스마스의 의미는 망각한 것 같습니다. 매년 똑같은 교회의 행사들—성탄절 칸타타, 유년 주일학교 발표회, 성탄 만찬 등이 줄을 잇습니다. 그러나 예수님의 탄생을 정말 마음속 깊이 생각하며 감격하며 감사하는 마음이 얼마나 있는지 한 번쯤 뒤돌아 볼 필요가 있습니다. 정말 예수님을 사랑하는 마음이 있다면 교회 안에서만 마시고 먹고 즐길 것이 아니라 소외되고 버림받은 이웃들을 찾아 밖으로 나가야하지 않겠습니까? 크리스마스에 맞추어 전 교인 헌혈 운동, 전교인 밀알(장애인 선교 단체)의 밤 참석, 토요 사랑의 교실 자원 봉사, 집 없는 자들을 위한 식사 대접 등 예수님의 향기를 발산할 곳이 너무나도 많습니다.

언제부터인가 크리스마스 휴일은 연말 휴일로, 부활절 방학은 봄방학으로 슬슬 이름이 바뀌어 불리기 시작했습니다. 크리스천들은 마음이 너무 좋아 늘 양보를 합니다. 이 땅에 반기독교 세력들이 판을 치고 있고 어수룩한 크리스천들은 덩달아 그들의 장단에 맞추어 춤을 추고 있습니다. 절대적 진리는 상실되고 상대적 진리가 보편화되는 포스터모더니즘이 다가오는 21세기가 눈 앞에 있습니다. 우리 믿

는 자들이 밖으로 나가지 않고 계속 교회 안에만 머문다면
자칫 크리스마스 명절마저 저들 믿지 않는 자들에게 주도
권이 넘어갈지도 모릅니다. 인간 복제, 종교 통합, 경제 통
합, 겨울 같지 않은 겨울, 메가넷, 유통혁명, 스마트카드,
터키와 대만의 지진….

　이제는 예수님 탄생을 기뻐만 하고 있을 것이 아니라 주
님의 재림을 심각하게 준비해야 할 때인 것 같습니다. 모든
초점을 영혼 구원에다 맞추고 말입니다.

한국어 교육

이곳에서 자라는 자녀들에게 한국어를 반드시 가르쳐야 한다느니 꼭 그렇게 할 필요가 없다느니 의견들이 분분합니다. 어떤 분들은 하나밖에 없는 두뇌에 한국어를 집어넣으면 그만큼 영어가 들어갈 자리가 없어지는 것처럼 생각하고 영어만 하게 합니다. 또 유태인의 예를 들면서 그들은 모두들 영어를 쓰지만 그들의 문화는 그대로 간직하고 있지 않느냐고 하면서 언어는 그렇게 중요한 문제가 아니라고들 합니다.

그러나 많은 교회에서 청소년들과 부모들을 상대로 강의를 해 본 필자의 소견으로는, 현재 놓여진 독특한 우리의 이민 상황을 고려해 볼 때 가정의 공통 언어는 많은 문제점을 해결할 수 있는 큰 도구가 된다고 할 수 있겠습니다.

타임머신을 사용하여 30여 년 후로 갈 수만 있다면 현재 우리 한인 가정에서 겪고 있는 많은 문제점들이 없어질 수 있을 것입니다. 한국으로부터의 이민 숫자가 줄어든 상태에서 지금의 1세들이 대부분 세상을 떠나고 영어만 하는 2세들이 3세를 낳고 기를 때쯤이면 영어만 사용하여도 전혀 의사 소통에 문제가 없을 것이기 때문입니다. 그러나 현재의 상황을 놓고 볼 때, 1970년 이후에 대부분 이민 온 우리들로서는 유태인과는 사정이 틀릴 수밖에 없습니다. 필자도 사실 미국에 온지 20년이 넘었고 이곳에서 대학원까지 나왔지만 솔직히 자녀들과의 대화에 완전하다고 자신할 수 없습니다. 심지어 가정 예배를 드릴 때에는 더 힘이 듭니다. 온 식구가 한국어로 예배를 드릴 수 있다면 얼마나 좋을까하고 생각도 해 봅니다. 지금보다는 훨씬 깊이 있고 내용이 충실한 예배를 드릴 수 있을 것이란 생각입니다.

이와 같이 언어가 문화를 갈라 놓고 있습니다. 미국 생활을 비교적 오래한 저도 이러한 문제가 있는데 이민 온 지 얼마되지 않았거나, 특히 일을 많이 하기 때문에 교육의 기회가 없는 가정은 말할 필요도 없을 것입니다. 언어가 통하지 않으니 자연히 대화가 단절이 되고 나중에는 자녀 교육을 포기할 수밖에 없는 것 같습니다. 영어권 자녀들은 한국어를 배우라고 충고하는 어른들에게 불평을 합니다. 부모들은 영어를 안 배우면서 어떻게 자녀들에게만 강요를 할 수 있는가 하고 말입니다. 그러나 그런 말은 혀가 다 굳은 중년의 나이에 다른 언어를 익힌다는 것이 얼마나 힘이 드는지를 모르고 하는 말입니다. 여하튼, 가정에서나 교회에서 어른과 자녀사이에 원만한 대화가 계속되기 위해서는 어른이 영어를 배우든지 자녀들이 한국어를 배우든지 둘 중 하나는 해야 할 것 같습니다.

이러한 문제를 해결하기 위해서는 교회가 앞장서는 수밖에는 없습니다. 지금은 세상의 문화가 폭발적으로 변해가고 있고 특히 이중 삼중의 다른 문화권 사이를 왔다갔다하며 살아가는 이민 생활에서는 교회가 더 이상의 예배 장소로만 머물 것이 아니라 생활 전반의 문제를 다루는 곳, 말 그대로 지역 교회(Community Church)가 되어야 할 것 같습니다. 더 이상 한국어를 등록금을 받고 가르치는 선택 과목이 아니라 교회 안에서 성경을 무료로 가르쳐 주듯이 누구나 부담 없이 교육 받을 수 있는 제도적 장치가 마련되어야 할 것 같습니다. 한국어도 어릴 때부터 가르쳐야 합니다. 지금이라도 늦지 않았습니다. 한번 허심탄회하게 각 가정의 문제점들을 내어놓고 교회에서 할 수 있는 최선의 길을 찾아보시기 바랍니다.

각 가정마다 자녀로 인해 말 못 할 문제점들을 가지고 있으면서도 혹 그것이 나만의 문제인양 생각하고 묻어 버리기 때문에 해결점을 찾지 못하는 것입니다. 강의를 다니면서 많은 부모님들과 대화해 본 필자의 경험으로는 문제없는 가정은 거의 없다는 것입니다. 그리고 자녀로 인한 문제점들이 한국어 교육이 잘 되어 부모들과 원활한 대화가 가능할 수 있다면 많이 해결될 수 있을 것이란 확신을 가지고 있습니다. 혹 주위에 여기에서 태어난 청소년 중 한국말 잘하는 사람이 있으면 유심히 관찰해 보십시오. 가정 생활, 특히 부모와 이웃과의 관계가 굉장히 원활하다는 것을 발견할 수 있을 것입니다. 그런데 더 재미있는 사실은 그들이 영어도 완벽히 한다는 것입니다.

크리스천 루머

  얼마 전, 목사님 한 분으로부터 다급한 전화를 받았습니다. 몇 주 전에 설교를 하시면서 프락터 갬블 회사에 대한 이야기를 하고는 사탄의 사주를 받고 있는 이런 회사의 제품은 사지 않아야 한다고 역설하였는데 바로 그 다음 주일에 한 청년이 문제를 제기하고 나왔다는 것입니다. 그 청년이 인터넷을 통하여 사실을 확인하여 본 바에 의하면 그것은 사실이 아닌 루머라는 것입니다. 그래서 당황하신 목사님께서 저에게 전화를 하신 것이었습니다. 목사님은 프락터 갬블에 관한 기사를 일반 일간지를 통하여 읽고는 신문에 난 기사를 인용을 하신 것인데 확실한 검증을 거치지 않으셨기 때문에 곤경에 처하시게 된 것입니다. 혹시 예향에 거기에 대한 자료가 있으면 좀 알려 달라는 것이었습니다. 사실이면 그 청년에게 반박할 것이고 사실이 아닌 루머이면 사과를 하겠다는 것이었습니다. 마침 저희 예향에 그것이 루머라는 자료가 있었기에 내용을 팩스로 보내 드렸습니다.

프락터 갬블 회사에 관한 루머는 어제 오늘의 일이 아니라 어떤 교회에서는 구체적인 제품 리스트까지 작성하여 불매 운동을 하였던 웃지 못할 사건이었습니다. 그 교회에 의하면 그 회사의 사장이 〈필 도나휴 쇼〉라는 TV 프로그램에 나와서 자기는 사탄 숭배자라고 공언을 했고, 이런 사실을 밝히면 회사에 좋지 못한 영향을 끼칠 것이라는 사회자의 말에 이제는 크리스천쯤은 겁나지 않는다고 했다는 것입니다. 그리고 달과 별로 구성된 회사 로고는 사탄을 상징한다고 했다는 것입니다. 그러나 〈필 도나휴 쇼〉 측에서는 프락터 갬블의 사장이 한 번도 출연한 적이 없다는 것입니다. 또 회사 로고에 들어 있는 13개의 별은 단순히 미국 초창기 13개의 주를 나타낸다는 것입니다.

이와 같이 우리 크리스천의 주변에는 수많은 루머들과 잘못 알려진 사실들이 많습니다. 가까이는 목사님들에 대한 소문, 교우들 간에 검증되지 않은 소문들, 멀리는 사역자들에 대한 소문과 루머, 세상 종말에 대한 갖가지 거짓들이 난무합니다. 저도 문화사역을 하면서 많은 강의와 방송을 하고 글을 써야하는 입장에 있는 자로서 저 스스로 확인해 보지 않은 사실은 될 수 있으면 쓰지 않으려고 노력을 하고 있습니다. 영화 평론 등을 하면서 직접 보지도 않고 남이 써 놓은 글을 사용하는 분들이 있는데 참으로 한심할 때가 있습니다. 제가 아는 문화사역자 한 분은 워싱턴 디시에서 세미나를 하면서 초대 대통령 워싱턴이 프리메이슨이었다고 했다가 증거를 대라고 하는 한 전도사의 항의에 난감했던 적이 있습니다. 다행히 그 다음 날 제가 그곳에 가게 되어 그 분을 모시고 조지 워싱턴 프리메이슨 기념 박물관에 가서 확인을 시켜 준 사실이 있습니다.

또 목사님들이 설교에 인용하는 예화 중에서 사실이 아닌 것도 제법 있습니다. 그 중에서 많이 인용되고 있는 것이 록펠러 가에 관한 것입니다. 신앙이 돈독했던 그 집안이 십일조를 잘해서 축복 받았다는 것입니다. 물론 기독교 서적에 그렇게 미화되어 나와 있으니 인용하는 것이었겠지만 지금부터라도 중단해야 할 것입니다. 그 집안은 세계 경제 통합의 주체이며 그것을 위하여 중앙 은행법과 외교관계 협의회 같은 기관을 만들어서 세계의 경제와 정치를 뒤에서 조정하고 있는 이 시대에 가장 위험한 반기독교 세력입니다. 그 외에 수많은 사람들이 부자가 된 사실 하나만으로 신앙이 좋은 사람으로 치장되어 우리들에게 알려져 있습니다. 카네기 재단, 포드 제단에 관한 것도 미화된 것입니다.

얼마 전에 번역되어 나온 『나는 10억배의 축복을 받은 사
람』이라는 책의 주인공인 웬디스 햄버거 사의 토마스 데이
브 회장도 크리스천으로 위장한 프리메이슨(33급)입니다.

우리들은 사실과 거짓 그리고 루머 사이를 왔다갔다하며
혼란스러운 시대를 살고 있습니다. 정신 바짝 차리고 살아
야겠습니다. 아무 죄도 없는 사람을 루머 때문에 정죄하는
잘못도 시정해야겠으며 사실도 아닌 것을 검증도 없이 미
화하는 실수도 하지 말아야 하겠습니다.

진짜 찬양이란?

찬양사역자들이나 교회 음악을 전공한 사람들, 또는 목사님들과 함께 찬양에 대한 토의를 해 보면 개인마다 생각이 다 틀리고 주장이 틀려서 결론이 나지 않습니다. 어떤 분은 음악 장르와는 상관없이 가사만 하나님을 찬양하는 것이면 다 받아들일 수 있다고 주장하는 아주 관대한 분이 있는 반면에 크리스천 록이나 랩은 절대로 받아들일 수 없다고 주장하시는 분이나 심지어 악기까지도 구분하여 피아노는 괜찮고 기타는 반반이며 드럼은 어림도 없다고 하시는 초 강경파도 있습니다.

교회에서 어느 장르의 음악까지 허용할 수 있는가 하는 문제는 계속해서 연구해야 할 사안이며 신중을 기해야 한다는 데는 동의를 합니다. 각 교회의 형편과 환경, 그리고 목사님이나 교단의 배경에 따라 약간의 차이들이 있는 것은 당연합니다. 그러나 악기 자체를 선하고 악한 것으로 규정하여, 예를 들면 피아노는 예배 시간에 쓸 수 있는 악기이고 기타나 드럼은 예배에 쓸 수 없는 악기 등으로 구분하는 것은 좀 무리가 있지 않나 생각이 듭니다. 아마 피아노가 교회에서 처음 쓰여질 때도 지금 드럼을 교회에서 쓸 수 있느니 없느니 하는 만큼 논란이 있었을 것입니다. 악기 문제도 조금 더 긍정적으로 생각하여 우리 잣대에 맞출 것이 아니라 과연 하나님을 찬양하는데 어떤 악기들이 좋을 것인지 결정해야 할 것입니다.

하나님을 찬양하는 것을 꼭 음악에 국한할 수 없겠지만 찬양이라면 일단은 하나님을 높여 드리는 음악으로 인식되어 있으므로 좁은 의미에서의 찬양의 의미를 그렇게 규정할 수도 있겠습니다. 예배는 하나님께 드리는 것이므로 예배 시간의 노래는 당연히 찬양하는 곡을 골라야 할 것입니다. 그런데 문제는 대부분의 목사님들께서 주일 예배 시간에는 반드시 한국찬송가공회에서 발행한 찬송가에 수록되어 있는 곡만 사용해야 한다는 고정 관념을 갖고 있는 것입니다. 찬송가만 찬양이라는 잘못된 등식을 적용함으로 진정한 찬양을 하나님께 드리지 못하는 것 같습니다. 좋은 찬양이 많이 있는데도 불구하고 단지 찬송가에 수록되어 있지 않다는 이유 하나만으로 예배 시간에 불려지지 않고 있습니다. 사실 찬송가를 유심히 살펴보면 하나님을 직접적으로 찬양하는 곡은 몇 곡 되지 않습니다. 어머니 주일에 빠짐없이 부르는 304장 〈어머니의 넓은 사랑〉 같은 곡은 하나님께 드리는 찬양과는 전혀 무관한 곡입니다. 그런데도 불구하고 찬송가에 실려 있기 때문에 예배 시간에 불러도 아무런 문제가 되지 않는 것이 현실입니다.

물론 될 수 있으면 찬송가에서 좋은 찬양을 뽑아 부르는 것이 가장 바람직한 일일 것입니다. 그러나 이제 중·고등부나 대학부 예배에 가보면 찬송가는 거의 부르지 않고 복음성가만 부릅니다. 만일 예배 시간에는 찬송가만 불러야 한다는 법칙이 있다면 그것은 어른 예배든 중·고등부 예배든 똑같이 적용이 되어야 할 것입니다. 젊은이들이 선호하는 열린예배의 형식이든 전통 형식의 예배이든 예배 안에서의 하나님을 향한 경배와 찬양은 동일해야 할 것입니다. 찬송가만 찬양이라는 잘못된 개념을 우리 어른들이 훌쩍 뛰어 넘어서 하나님께 모든 악기와 노래를 동원하여 마음껏 찬양할 수 있는 분위기를 만들어 줄 때 더 큰 영광을 하나님께 돌릴 수 있지 않을까 생각해 봅니다.

장로님들 제발 좀 나오십시오

제가 장로 선교회에 발을 디딘 것이 약 4년 전인 것 같습니다. 특별히 올해에는 회장 장로님의 요청으로 부족한 제가 총무직을 맡고 있습니다. 그래도 명색이 장로인지라 제가 시무하고 있는 교회에서는 어른 취급을 받고 있으며 특별히 예향에서는 거의 대부분이 20대 청년들인지라 아직도 40대 중반인데도 저는 노인취급을 받고 있습니다. 그런데 막상 장로 선교회만 오면 신세대로 바뀌어 버리니 신나는 일이 아닐 수 없습니다.

아시는 분은 아시겠지만 저는 예향이라는 문화선교단체를 이끌고 있습니다. 이벤트만 하는 문화단체가 아니라 이 문화 전쟁의 시대에 세상 문화의 위험성을 알리고 아울러 기독교문화를 회복시킬 문화사역자를 양성하며 그 일을 통하여 교회를 돕는 단체입니다. 이러한 일을 위해서는 교회

에서 저희 예향에 문화사역자 후보를 맡겨주고 훈련 후에
는 각 교회에서 사역을 하도록 해야 합니다. 그런데 각 교
회에서는 성도들을 움켜쥐고는 내어놓지를 않으니 그 좋은
재능들을 그냥 사장시켜 버리고 있는 것이 오늘날 교회들
의 실정입니다. 그뿐만 아니라 교회에 지휘자나 반주자를
소개시켜 주면 오히려 그들을 교회 안에 가두어 버리고 밖
으로는 나가지 못하게 하니 참으로 안타까운 일입니다. 장
로님들도 마찬가지입니다. 많은 목사님들은 장로들이 밖에
서 같이 모이는 것을 꺼려하십니다. 심지어 장로님들 중에
서도 그런 생각을 가진 분들이 많습니다. 저는 그것이 이
시대에 기독교에 가장 해로운 함정이라고 생각합니다.

현재는 종교 통합의 시대이며 종교 다원주의의 시대이고
절대적 진리가 아닌 상대적 진리의 시대로 치닫고 있는 혼
미한 시대입니다. 우리 기독교는 이기적이고 상대편을 포
용할 줄 모르는 집단, 배타적인 집단으로 여겨져 점점 코너
로 몰려가고 있으며 그만큼 운신의 폭이 줄어들고 있습니
다. 이러한 때에 우리가 연합을 하지 못하고 너는 너 나는
나 하는 식의 교회 운영은 어떻게 보면 마귀가 가장 좋아하
는 것이 아닌지 모르겠습니다. 물론 자기가 몸담고 시무하
고 있는 교회에서 최선을 다해야 합니다. 그러나 시대가 시
대인 만큼 장로들이 뭉치면 각 교회에서 하지 못하는 하나

님의 일을 도모할 수 있을 것입니다. 그 무엇보다도 중요한 것은 이러한 모임으로 인해 교회와 교회 간에 쌓인 높은 담들을 허물어 버릴 수가 있다는 것입니다. 장로님들 중에서 장로 직분을 잘 감당하고 있으며 하나님의 일을 더 하고 싶은 분은 과감하게 결단하고 장로 선교회로 나오십시오. 개교회에서는 하지 못하는 일들이 여기에 많이 있습니다. 특히 젊은 장로님들은 꼭 나오십시오. 은퇴 장로님들의 모임터를 우리가 마련해 드려야 하지 않겠습니까? 장로는 평생 헌신만 하고 은퇴하면 관심 밖으로 사라지는 그런 자들이 아닙니다. 작은 교회 장로님들이 뭉치면 영어권 교회도 얼마든지 세울 수 있습니다. 이 모든 것이 하나님께 대한 헌신이라고 생각할 때 충분히 가능한 일인 것입니다. 장로는 교회 안에만 있어야 하고, 교회 안의 성도들만 돌보아야 하고, 자기 교회의 목사님만 섬겨야 한다는 함정에 빠지지 마십시오. 성경 어디를 찾아보아도 그런 구절이 없습니다. 이 시대는 전천후 장로들을 기다리고 있습니다. 이 시대의 아픔과 어려움을 알고 온 크리스천들을 끌어안고 섬길 수 있는 그런 장로 말입니다.

제가 이 글의 서두에서 저를 가리켜 자칭 장로 선교회의 신세대라는 표현을 했습니다. 신세대는 조금 무례한 면이 있습니다. 그러나 조금 무례해도 응석으로 때워 버릴 수 있

으니 참 좋습니다. 그래서 저는 장로 선교회에 나오면 신이
납니다.

"장로님들, 제발 좀 나오십시오."

연극이 끝나고 난뒤

연극 〈카페 밀레니엄〉이 지난 7월10일과 11일 이틀에 걸쳐서 공연되었습니다. 이 연극은 예향문화선교회에서 오랫동안 고민하고 연구하여 창출해 낸 믿지 않는 자들을 대상으로 한 전도용 연극으로 그 의미가 각별하다고 하겠습니다. 방황하는 청년들이 많이 모이는 하드 록 카페로 무대를 꾸미고 그들의 실제적인 모습을 보여 줌으로 불신자 청년들에게는 공감대를 형성하여 관심을 유도하고 믿는 자들에게는 세상에서 방황하는 이웃들의 아픔을 나눌 수 있는 기회를 제공하였다고 생각합니다. 무대가 록 카페인만큼 리얼하게 보이기 위해서는 세상 음악, 춤 등이 난무해야 하므로 배우나 의상, 음악, 춤꾼(?)의 선정과 기준의 설정에 상당한 애로사항이 있었습니다. 아무리 전도용으로 제작하였다고는 하나 교계의 시선을 무시하고 무작정 할 수는 없었기 때문에 2중, 3중의 인력과 재정이 들 수밖에 없었습니다. 문화로 오랫동안 사역을 하면서 문화를 이용한 전도의 극대화를 위해 연구하는 한 사람으로서 이 한편의 연극을 무대에 올리기까지 겪은 어려움과 보람은 참으로 컸습니다. 그 중에서 가장 어려웠던 것은 교회 안에서의 비판 세력들이었습니다. 연극 배우들 중 청년 몇 명이 현재 그들이 다니는 교회에서 찬양을 인도하고 있다고는 하나 세상 음악을 병행하는 자들로서 신앙적으로 형편없는 자들인데 그들이 연기하는 것을 보고 무슨 은혜가 되겠느냐는 것이었습니다.

저는 이제 우리 기독교가 기독교문화를 창출하기 위해서는 과감하게 틀을 부수어야 한다고 생각합니다. 복음만 변질되지 않고 목적만 뚜렷하다면 어느 정도의 위험부담과 양보를 감수해야 합니다. 이 연극을 위해서 배우들과 스태프들은 에어컨도 나오지 않는 연습 장소에서 하루도 빠짐없이 모여서 3~4시간씩 연습하였습니다. 그들이 기독교문화 창출과 전도를 위해 얼마나 헌신을 하고 있는지 모르는 상태에서는 그러한 정죄의 발언이 나올 수도 있다고 생각합니다. 그러나 수많은 기독교 행사를 치러 본 저의 경험에 비추어 볼 때 아무런 대가도 받지 않고 개인 생활을 반납한 채 하루도 빠짐없이 나와서 연습을 한다는 것이 얼마나 큰 헌신인지 알아야 합니다. 사실 저도 그들이 아직 성숙된 신앙인이 아니라는 것을 알고 있었습니다. 어쩌면 이러한 기회를 통해서 그들에게 구원의 확신을 심어 주고 그들이 가지고 있는 재능을 온전히 하나님을 위해 쓸 수 있게 인도하는 것도 하나님께서 저에게 맡겨 주신 몫이라고 생각했습니다. 연극 연습의 시작과 끝을 기도로 하였고 연극의 가장 중요한 마지막 부분인 하나님께 절규하는 대사를 수백 번 반복하는 동안 하나님에 대한 더 큰 사랑이 그들 마음에 새겨질 수 있도록 기도했습니다.

분명한 사실 하나는 이 문화 전쟁의 시대에는 손끝 하나 까딱 않는 믿음 좋은 자보다 믿은 지 얼마 되지 않아 조금은 덤벙대며 실수는 할지언정 온몸을 던져 헌신할 줄 아는 자가 더 필요하다는 것입니다. 이때까지 기독교문화가 이토록 피폐되고 세상 문화에 밀리기만 하는 것은 개인 생활을 뒤로 한 채 헌신하는 자들을 위로하고 격려하지는 못할망정 정죄하고 비판만 하는 풍토 때문이라고 생각합니다. 지금부터라도 재능 있는 자들을 신앙으로 잘 인도하면서 키우면 기독교문화 창달과 전도에 큰 몫을 할 수 있을 것이고 반대로 신앙의 연륜이 짧다고 무시하거나 정죄해 버리면 그들은 교회를 등질 뿐만 아니라 그들에게 부귀와 명예를 안겨 주는 세상으로 돌아가 버리고 말 것입니다.

우리들이 실제적으로 할 수 있는 일은 주위의 불신자 친지나 친구들을 위해 티켓을 사서 같이 와 주고 많은 전도의 열매를 맺게 하는 것입니다. 그럴 때에 출연진들은 큰 보람과 감격 속에서 더 큰 희생을 감수하더라도 다음 작품에 기꺼이 참여할 수 있을 것입니다.

아멘 약 남용

　여러 교회를 다녀보면 교회마다 예배 분위기가 다르다는 것을 느낍니다. 어떤 교회는 목사님이 무슨 메시지를 전하든지 고요한 적막 그 자체인 반면에 어떤 곳은 말씀이 떨어질 때마다 아멘으로 뜨겁게 화답합니다. 어떤 때는 너무 자주 하다보니 해서는 안 되는 대목에도 "아멘!" 하는 웃지 못할 일도 생깁니다. 여하튼 대부분의 사람들, 특히 설교를 하시는 목사님들에 의해 앞의 교회는 냉랭한 교회, 뒤의 교회는 은혜가 넘치는 교회로 지칭됩니다. 신약, 구약은 아무리 먹어도 괜찮으나 아멘 약은 너무 남용하는 것이 아닌가 하는 약간의 우려가 생깁니다. 통상적으로 말씀 듣는 중에 아멘으로 화답하는 경우는 "하나님의 말씀에 전적으로 동의합니다."라고 하는 뜻으로 마음 깊은 곳에서 우러나오는 감탄과 감격의 표현입니다. 그런데도 이러한 표현을 마음에 전혀 느끼는 바가 없는데도 불구하고 목사님의 강요에 의해 한다든지 또는 습관적으로 한다면 배탈나기 딱 좋은 약이 될 것 같습니다.

어떤 부흥회에 가보면 인도하는 부흥강사의 반 협박, 반 애결조의 아멘 약 강요에 그 자리에서 벌떡 일어나서 나가고 싶은 충동을 느낄 때가 있습니다. "제발 아멘 좀 해줘." 라고 구걸하는 구걸형, "아멘 안 하니까 신이 안 나서 못하겠다."면서 너스레를 뜨는 너스레형, "어이 김 장로 이번 집회 동안 건축헌금 만 달러 작정할거지? 아멘? 아멘?" 하면서 반은 협박투인 약 장사형 등 원래의 아멘 뜻과는 너무나 동떨어진 사이비 아멘 약이 나돌고 있습니다. 부흥회에서 하나님의 말씀만 잘 전하면 되지 아멘에 왜 그렇게 집착을 하는지 도무지 이해를 못하겠습니다. 힘 있고 능력 있는 하나님의 말씀이 목사님의 입을 통해서 선포되고 그 말씀이 우리의 심령을 깨뜨릴 때 "아멘!"이라는 화답은 저절로 나오는 것입니다. 혹 아멘을 소리내어 하지 않는 분이 있더라도 수줍음이 많거나 성격이 내성적인 분이구나 하고 이해를 해주면 될 일입니다. 기회가 오면 그런 분들도 '아멘!'이라고 힘차게 화답할 날이 있을 것입니다. 아멘을 잘하면 건강에 좋다느니 손뼉을 잘 치면 몸에 좋다느니 하는 식의 교육보다는 온 정성과 뜻을 모아 하나님께 예배드리는 성도의 자세를 가르쳐야 할 것입니다. 하나님께 진정으로 화답해야 할 아멘을 "아멘 좀 해줘, 아멘 좀 해봐." 하는 식으로 강사가 중간에서 가로채 버리는 이러한 구태는 이제 사라져야 한다고 생각합니다.

뉴에이지 혹은 신 과학주의 사상을 등에 업고 우리를 공격해 오는 반기독교 세력들은 이제 21세기를 코앞에 두고 철저한 과학적, 논리적인 방법으로 자녀들을 현혹하고 있습니다. 그런데 이곳에서 태어나서 합리적이고 논리적인 미국 문화에 젖어 자라난 2세들을 이런 구태의연한 방식으로는 붙들 수가 없습니다. 아멘은 강요에 의해서 하는 것이 아니라 진정으로 우러나오는 감격으로 하나님께 해야 합니다. 이제 우리 모두 지정의를 바탕으로 한 성숙한 크리스천이 되었으면 하는 바람입니다.

교회와 성교육

한국에서는 구성애라는 여성이 성에 대한 파격적인 강의로 인해 전국적으로 뜨고 있습니다. 하루에 3~4번 강의는 기본이고 틈틈이 글도 쓰고 방송국에도 출연해야 하므로 잠은 겨우 세 시간을 잔다고 합니다. 일전에 〈X-파일〉을 집필한 카터라는 사람이 하루 네 시간만 잔다는 소리를 듣고는 반기독교에 선 사람은 네 시간 잠을 자면서 드라마를 쓰는데 나는 잘 것 다 자고 놀 것 다 놀고 언제 세상 문화를 따라 잡을까 하며 자성한 적이 있습니다만 구성애 씨는 세 시간밖에 안 잔다니 더더욱 부끄러움이 앞섭니다. 신자이든 비신자이든 관계 없이 다들 흥미와 관심이 있는 성 문제를 그야말로 열린 성교육 방식으로 하면서 거기에다 도덕적인 문제와 철학적 요소까지 가미하며 들려 주는 강의는 정말 일품입니다. 낙태를 하는 자들을 향해 생명의 귀중함을 가르치는 그 강의는 비록 내어 놓고 기독교 냄새를 풍기지는 않지만 우리 기독교 안의 그 누구보다도 큰일을 하고 있다는 생각이 듭니다. 그런데 한 가지 궁금한 것은 목회자의 딸로서 분명히 크리스천일 것 같은데 교회의 강단에서 강의를 한다는 이야기를 못 들은 것 같습니다. 교회는 아직도 성 문제를 다루기에는 담이 너무 높은가 봅니다.

교회에 문화 강의를 하러 다니는 저도 가끔 벽에 부딪히는 경우가 있습니다. 세상 문화의 나쁜 점을 이야기하기 위해서는 그러한 음악이나 영화를 보여 주고 들려 주면서 해야 하는데 거룩한 성전에서 그럴 수 없다면서 못마땅해하시는 분들이 있습니다. 적이 공격해 올 때 눈을 똑똑히 뜨고 대항하여도 이기기가 쉽지 않은데 눈을 감아 버리거나 피해 버린다면 그 결과는 불을 보듯 뻔한 것입니다. 성 문제를 다루는 것은 이보다 훨씬 더 어려울 것이라 생각됩니다. 그러나 복잡하고 혼란스러운 이 시대를 살아가는 성도들을 위해서는 이제 교회가 세상 바깥에서 성도들이 겪고 있는 모든 문제들을 다루어야 한다고 생각합니다. 부모를 끔찍스럽게 살해하고 방화까지 했던 박한상 청년이나 아버지를 치밀한 계획 하에 살해했던 문 교수, 그들 모두가 크리스천이었던 것을 감안할 때 세계관, 가치관, 문화관, 성 문제에 이르는 모든 것들을 교회에서 다루고 가르쳐야 할 것입니다. 특별히 성교육은 반드시 실시되어야 합니다. 지금 미국에서는 낙태 문제, 동성애 문제가 정치적, 사회적 쟁점이 되고 있는데 유독 우리 한인 교회들만 입을 다물고 있습니다. 낙태 문제는 생명 존중과 연관되므로 너무나 중요하며 특히 자녀들에게는 동성애나 혼전 성관계가 나쁘다는 것을 가르쳐야 할 것입니다. 동성애를 하나의 삶의 스타일로 가르치고 혼전 순결 지키기를 가르치는 것이 아니라 안전한 성관계를 가르치는 공립학교들을 더 이상 믿을 수가 없습니다.

이제 교회 안에서도 성에 대한 교육이 자연스럽게 자리를 잡아야 하고 성경에 입각한 확실한 방향이 설정되어서 혼돈의 시대를 살아가고 있는 이 시대의 성도들이나 2세들에게 올바른 지표를 제시해 주어야 할 것입니다.

담을 허물자

얼마 전에 일반 방송에서 세상 음악을 틀면서 대화를 이끌어 나가는 1일 명예 DJ를 한 적이 있습니다. 과거 같으면 어림도 없는 일이었지만 접촉이 없으면 전도의 기회도 없다는 심정으로 임했습니다. 또 그 동안 문화사역을 하면서 쌓아 놓은 작은 신용으로 인해 별반 오해는 없으리라는 생각도 있었습니다. 주제는 신자이든 비신자이든 모두가 공감하고 관심을 가질만한 자녀와 대중 문화 교육에 초점을 맞추었습니다. 기대보다 훨씬 많은 분들이 그 방송을 듣고 참 좋았다고 말씀해 주셨습니다. 그 가운데는 크리스천이 아닌 분도 꽤 있어서 내가 의도했던 것이 적중한 듯하여 대단히 기뻤습니다.

그렇습니다. 이제 우리 기독교는 담을 무너뜨리고 문을 활짝 열어야 합니다. 세상 사람들이 올 때까지 기다릴 것이 아니라 밖으로 나가 데리고 와야 합니다. 두루 찾아 보면 세상 사람들과 함께 공감할 수 있는 공통분모들이 많이 있습니다. 특별히 부부 문제, 자녀 문제, 성 문제, 윤리 문제, 재정 문제 같은 것을 통해 교회에서 그들과 접촉을 시도하여야 합니다.

20년 전이나 10년 전이나 지금이나 기간에 관계 없이, 또 뉴욕이든 시카고이든 지역에 관계없이 교회에 출석하는 분들의 비율이 전체 교민 숫자에 비해 10~15퍼센트 내외에 머물고 있다는 것은 많은 것을 느끼게 합니다. 그 동안 우리들은 믿지 않는 사람들의 영혼 구원보다는 교인들 간의 수평 이동에만 총력을 기울이고 있었던 것 같습니다. 왼쪽 주머니에서 돈을 꺼내어 오른쪽 주머니로 옮긴 것과 같으므로 하나님 입장에서는 본전이라 하겠습니다. 결과적으로는 교회들이 세상과 담을 쌓고 있는 것은 물론이고 이웃 교회와는 더 높은 담을 쌓고 있다고 보아야 할 것입니다. 목사님들 간에 쌓인 불신과 반목도 부인하지 못할 것입니다. 그나마 교회 연합으로 체육 대회도 하고 몇몇 교회가 같이 선교 대회를 공동으로 개최하는 것은 큰 다행이라 하겠습니다. 그런데 이제는 불신자들을 겨냥한 행사도 기획해야 할 것입니다. 전도 대회라고 거창하게 표어를 걸어 놓고 행사의 진행이나 순서는 전부 믿는 자들 위주로 하는 그런 일은 배제되어야 할 것입니다.

몇 년 전 연합 전도 집회에 한번 참석했다가 개탄한 적이 있습니다. 대회(왜 대회라고 꼭 부르는지 모르겠습니다) 시작을 알리는 목사님께서 나와서 모두들 일어나라고 하더니 강사 목사님이 앞장서서 나오시고 그 뒤를 따라 많은 목사님들이 줄을 서서 따라 들어오시는 것이었습니다. 큰 체육관 뒤편에서 중간을 가로질러 들어오니 그 행렬이 얼마나 긴지 마치 대통령이 입장하는 것 같았습니다. 그것은 불신자들을 염두에 둔 전도대회라고 볼 수 없는 행사였습니다. 불신자들에게 전도하기 위한 목적으로 그러한 것을 구상했다면 강사 목사님을 위시한 모든 성도들이 섬기는 자세로 임해야 했을 것입니다. 제가 만일 그곳에 불신자의 입장으로 있었다면 자리를 박차고 나가버렸을 것입니다. 이제 교회의 지도자들이나 온 크리스천들이 지혜를 모아 불신자들과의 접촉점을 찾고 세상 사람들이 갖고 있는 기독교에 대한 많은 부정적인 요소들과 거부감들을 찾아서 과감하게 허물어 버릴 때 그들을 진리 안으로 끌어들일 수 있을 것입니다.

끼리끼리

우리 한인 크리스천들은 유별나게 끼리끼리 행동하는 것 같습니다. 수도 없이 많은 교단이나 교파는 말할 것도 없고 개 교회별로 끼리끼리, 선교회는 선교회대로 끼리끼리, 다들 따로 행동합니다. 물론 자생력을 키울 수 있다는 좋은 점도 있겠으나 그것이 조금 지나치면 집단 이기주의 단체로 전락할 수밖에 없고 전도를 막는 큰 장애 요소가 되기도 합니다. 어떤 교회는 전라도 사람들이 모이는 곳, 또 어떤 교회는 경상도 사람들이 모이는 곳, 담임 목사파, 원로 목사파 등 기독교 가르침에 위배되는 경우가 한두 가지가 아닙니다. 제가 몸담고 있는 문화사역만 해도 끼리끼리 행동하는 것은 마찬가지입니다. 즐기는 것인지 사역을 하는 것인지 도무지 구분이 되지 않습니다.

문화사역이라는 커다란 울타리 안에서 찬양하는 자들은

찬양으로, 연극하는 자들은 연극으로 또 글을 쓰는 자들은 글로 각자 받은 달란트를 아낌없이 써야 할 것입니다. 그러나 다른 분야에도 좀 신경을 쓰고, 도울 일이 있으면 도우면서 총체적으로 문화사역을 이루어 나가야 하는데 찬양하는 자들은 찬양만 하려고 하고 연극하는 자들은 또 자기들끼리 연극만 하려고 하니 기독교문화사역을 연합으로 하기가 보통 어려운 것이 아닙니다. 하나님께서 주신 재능을 쓰는 것은 당연한 일입니다. 어쩌면 받은 재능 이외의 것, 예를 들면 찬양하는 자들이 연극 공연을 위해 포스터를 붙여 준다든지 운전이나 운반으로 다른 사람을 위해 봉사하는 것이 하나님 보시기에 더 아름다운 일이 아닐까 생각해 봅니다.

내부적으로 깊이 들어가 보면 문제는 더욱 심각해집니다. 찬양하는 자들은 그 안에서 또 갈라져 있고 문화사역자들은 또 그들대로 갈라져 있습니다. 이쪽에 오면 저쪽 험담, 저쪽에 가면 이쪽을 향한 정죄의 소리, 참으로 우리들은 마귀가 좋아하는 일만 골라서 하고 있다는 생각이 듭니다. 도저히 예수님을 염두에 둔 사역이라고 볼 수가 없습니다. 많은 크리스천들이 21세기를 앞둔 이 시점에서 난무하고 있는 세기말적 종말론자들을 우려하고 있습니다. 그러나 그 중에서 진정으로 예수님의 재림을 기다리고 있는 크리스천들이 얼마나 있는지 묻고 싶습니다. 만일 우리가 오늘이라도 우리 주님께서 오실지 모른다는 재림 신앙으로 무장되어 있다면 이토록 쪼개어져서 끼리끼리 행동하고 있지는 않을 것입니다.

더더욱 우리를 슬프게 하는 것은 기독교 안에 형성되어 있는 시장의 규모가 턱없이 작고 기독교문화를 위한 후원도 너무 적은 관계로 사역자들 간에 경쟁이 치열해질 수밖에 없다는 것입니다. 결과적으로 자기 영역을 지키려는 이기심이 발동하게 되며 심지어 경쟁에서 낙오된 자들 중에는 세상을 기웃거리는 사역자들도 생긴다는 것입니다. 문화사역을 하면서 수많은 문화사역자들, 찬양사역자들, 기독 연극인들, 기독 방송 종사자들, 간증자들을 만났습니다. 물론 그 중에는 예수님 한 분 바라보고 가진 재산, 재능 다 바쳐 사역하는 훌륭한 분들도 있습니다. 하지만 모두들 끼리끼리라는 생각이 듭니다. 개인의 명예나 이기심, 욕심들을 다 물리치고 오직 예수님만 바라보는 사역자들을 배출하기 위해서는 이들을 영적으로 잘 지도할만한 목사님들과 지도자들이 많이 나와야 할 것이며 찬양이나 간증, 발표를 듣기 전에 사역자들의 영적 충만을 위한 간절한 성도들의 기도가 필요할 것입니다. 아울러 기독 예술로 사역하다 너무 배고픈 나머지 세상을 기웃거리는 자들을 향해 그들을 정죄하기에 앞서 내게 있는 것 중에서 작은 것이라도 나누어 주면서 그들의 사역을 계속할 수 있게 배려해 주는 멋진 크리스천들도 많이 나오기를 소망합니다.

기독교 구조조정

"아무리 그래도 교회의 중직 자녀가 다른 교회에 간다는 것은 곤란하지요"

50여 명 미만의 교인 수를 가진 교회의 목사님과 장로님이나 안수 집사 간에 오갈 수 있는 대화입니다. 아이들이 중학교에 다닐 때까지는 윽박질러서라도 교회에 주저앉힐 수가 있지만 고등학생 정도가 되면 몇 명 안 되는 교회에 나오기를 싫어하고 자꾸만 큰 교회를 기웃거리기 시작합니다. 어떤 아이들은 아침에 큰 교회나 미국 교회를 갔다오고 난 뒤에 본 교회에 출석합니다. 이런 식으로 이중으로 출석하는 아이들은 불평을 합니다. 큰 교회에서 예배를 드리고 난 후에 친교나 활동도 하고 싶은데 본교회의 출석 때문에 예배 후에 곧장 와야 하기 때문입니다. 그들의 사고 방식으로는 이해를 못하는 것입니다. 아이들 보기에 참으로 미안

할 때가 있습니다. 그렇다고 작은 교회들을 지역별로 모아 큰 교회를 만들 수도 없는 것입니다. 자녀들이 대학에 들어가게 되면 일은 더욱 심각해집니다. 작은 교회들 중에는 아예 대학부란 것이 없는 곳이 더 많습니다. 좀 더 양육해야 할 아이들을 오히려 주일학교 교사나 성가대원으로 쓰려하지요. 혹 다른 교회라도 나가게 되면 목사님과 부모들간에 미묘한 기류가 흐르는 것입니다. 그렇다고 자녀들 교육 때문이라는 이유로 식구들이 몽땅 큰 교회로 가기도 쉬운 일이 아닙니다. 다들 큰 교회로 가버리면 작은 교회들은 어떻게 되겠습니까?

사람이 각자 다른 재능들을 가지고 어떤 사람은 부자로 한 평생을 살고, 또 어떤 사람은 가난하게 살면서도 하나님께서 기뻐하시고 사람들로부터 칭찬 받는 삶을 사는 것처럼 교회도 마찬가지라고 생각합니다. 교회 규모가 문제가 아니라 각 교회들이 하나님으로부터 받은 사명이 있을 것이며 어떤 교회는 해외 선교로 또 어떤 교회는 교육으로 혹은 특수 목회로 사역을 할 수도 있을 것입니다. 혹자는 농담인지 진담인지 제안을 하십니다. 목사님들 간에 자녀들을 다른 교회로 보내는 것은 굉장히 민감한 사안이므로 초교파적이고 교회들과 두루두루 관계가 괜찮은 예향에서 대학부가 없는 작은 교회들의 자녀들을 모아서 위탁 교육을 해 주면 어떨까 하고 말입니다. 그러나 아무리 생각해도 그 것은 힘들 것 같습니다. 기독교문화 교육을 시키는 경우에 는 괜찮겠지만 주일날은 어느 교회에 가서든지 예배를 드려야 하기 때문입니다.

그러면 도대체 이 아이들을 어떻게 하실 겁니까? 큰 교회에 보내는 것은 자존심 문제에다 교인 이동 염려 때문에 안된다면 무슨 대책을 세워야 하지 않겠습니까? 작은 교회들이 교단별로 모여서 이 문제를 놓고 연구를 해 보면 어떻겠습니까? 정말이지 목사님들이 아무리 바쁘시더라도 이 문제만큼은 꼭 해결하셔야 할 것 같습니다. 이 일을 소홀히 하면 이제 앞으로 교회들을 맡을 다음 세대와의 세대 교체가 원만히 이루어질 수가 없을 것입니다. 10여년 후쯤에 큰 교회 몇 개만 남고 작은 교회들은 다 없어지는 기독교 안의 구조조정이 일어나기를 원치 않는다면 속히 이 문제를 해결해야 할 것입니다.

진리 안에서의 참 자유

얼마 전에 평소에 알고 지내는 성도께서 저에게 질문을 하셨습니다. "저의 집에는 아주 옛날에 만들어져서 지금은 쓰지도 못하는 찬송가들이 많이 있는데 정말 고민입니다. 이사할 때마다 끌고 다니려니 죽을 지경입니다. 어떻게 하면 좋겠습니까?" 말씀이 끝나기도 전에 "어떡하기는 어떻게 해요. 그냥 버리면 되지요."라고 했더니 무슨 그런 불경스러운 말을 하느냐는 듯이 쳐다보는 것이었습니다. 저는 그분의 신앙을 잘못되었다고 보지 않습니다. 오히려 듬직하고 믿음직스럽습니다.

우리는 많은 때에 찬송가를 복사하여 부흥회 순서지 같은 데에 끼워 쓰고는 끝나면 쉽게 버립니다. 찬송가나 찬송가를 복사한 것과 무엇이 다르다는 것입니까? 그것은 생각의 차이요 세상을 보는 각도의 차이입니다. 그렇게 귀한 것이면 아예 한약을 달이듯이 달여서 마셔 버릴 일입니다. 또한 번은 LA에 볼일이 있어서 성도 한 분과 인사를 나누면서 다음 주일에는 못 뵙겠다고 했더니 그럼 "주일 성수는 못 하시겠군요." 하시는 것이었습니다. 본 교회에서 예배를 드리지 않으면 주일 성수를 안 한 것으로 아는 것이 우리 크리스천들의 수준입니다.

우리 크리스천들이 주어진 울타리를 벗어나서 좀 넓게 보셨으면 좋겠습니다. 도무지 우물안 개구리 수준밖에는 되지 못하여 다른 교회와의 연합도 힘이 들고 다른 기독교 단체와의 활동도 극히 저조합니다. 동기간에 담을 쌓고 사는 것을 보고 좋아할 부모는 없을 것입니다. 시카고에는 윌로우 크릭 교회와 새들백 교회 같은 교회들이 있으니 혹 LA를 여행하실 기회가 있으시면 꼭 한 번 가보시기 바랍니다. 윌로우 크릭 교회나 새들백 교회가 우리의 예배 형식과는 다른 점이 있지만 그렇다고 예배를 소홀히 하는 것은 절대 아닙니다. 지난번 새들백 교회에 갔을 때에 목사님의 설교가 자그마치 50분이었습니다. 그러나 설교 중간에 멀티미디어를 이용하여 대형화면에 적절한 그림과 성경구절을 넣어서 조금도 지루하지 않았습니다. 근엄한 성가대도 보이지 않았습니다. 저는 진리 안에서 참 자유함을 누리는 그들을 볼 수 있었습니다.

저는 주일날 교회 갈 때 정장을 하고 주일날 될 수 있으면 행동을 조심하라고 하는 한국 교회의 가르침에 별로 불만이 없는 세대입니다. 또한 새벽 두 시에 자도 될 수 있으면 새벽 기도회에 참석하려고 노력합니다. 그것이 우리들이 자라오고 배운 한국 교회의 문화이기 때문입니다. 그러나 우리들이 우리 문화의 잣대로 다른 민족의 문화, 특히 교회 문화를 이상하게 보는 것은 반드시 바꾸어야 한다고 생각합니다. 왜냐하면 2세들의 문화는 한국보다 미국에 더 가깝기 때문입니다. 그들은 새벽 기도에 가지 않을 것이고 교회 갈 때에 꼭 정장을 하지 않을 것이며 주일날 각별히 행동을 조심하라는 것이 옳으니 그릇되니 하는 것은 도무지 이야기 거리조차 되지 않을 것입니다. 우리가 이러한 일들에 자유함을 누리는 미국 목사님들이나 미국 성도들에게 잘못되었다고 정죄할 자신이 없으면 그들의 문화권에서 살고 있는 우리 2세들에게도 똑같은 자유함을 주어야 한다고 생각합니다. 만일 한국 교회 안에서 이런 세심한 배려 없이 우격다짐이나 내가 가지고 있는 세계관으로 그들을 강제로 이끌려고 하는 자들이 많이 있으면 있을수록 그 교회는 거기에 비례하여 2세들을 잃어버릴 것입니다.

옳은 문화와 세계관의 판단 기준은 성경밖에 없습니다. 우리는 얼마나 많은 때에 성경적 기준이 아닌, 나만의 문화와 세계관으로 사람들을 정죄하고 매장시키고, 윽박지르고 있습니까?

21세기를 맞이하는 이 시점에서 2세들을 교회 안에 머물 게 하는 것은 우리가 미국에 살면서도 미국 문화에 쉽게 동화되지 않는 것만큼이나 쉽지 않은 일입니다. 밖에서 진수성찬의 양식을 먹고 집에 들어와도 라면 한 그릇 먹어야 속이 풀리는 우리들은 분명히 1세이지요. 그러나 라면을 먹지 않는다고 해서 너는 한국 민족이 아니다라고 2세들을 윽박지른다면 얼마나 웃기는 일이겠습니까?

그러나 지금 우리들은 가정 안에서 교회 안에서 이와 똑같은 일을 수 없이 저지르고 있습니다. 성경적인 바른 세계관을 가지고 자녀들을 가르치며 타인을 존중하며 진리 안에서 참 자유함을 누리며 사는 크리스천이 그 어느 때보다도 필요한 때입니다